Ventas Sencillas

www.simpleselling.net

Sobre el autor

Thomas Ray Crowel ha sido un vendedor la mayoría de su vida. A los diez años, vendió de puerta en puerta unos caballitos de madera que había construido en el sótano de la casa de su familia. A los veinte, empezó en serio su carrera de ventas.

En 1965, fundó la Crowel Agency, Inc., que ofrece una gran variedad de seguro personal y comercial. Su espíritu emprendedor le ha sido útil puesto que sigue ampliando y diversificando sus intereses comerciales. Aunque ha tenido fracasos, ha tenido éxitos también: una compañía de finanzas, un centro de capacitación de seguro, un lavacoches de auto servicio, y una editorial. Más recientemente, fundó Faith Ministries Worldwide, Inc., un ministerio no lucrativo para cárceles.

Una gran parte de su conocimiento y experiencia viene de la calle, las puertas, y las entrevistas de ventas que ha realizado. Tom se graduó de La Universidad de Purdue con una licenciatura, y recibió su maestría de La Universidad de Valparaíso. Sin embargo, aun así cree que los verdaderos conocimientos prácticos tradicionales, se deben transmitir de persona a persona.

Lo han elegido o nombrado a numerosos consejos cívicos y gubernamentales, y continúa sirviendo.

Nacido y criado en Hammond, Indiana, Tom y su esposa, Nancy, residen en Highland, que está cerca y forma parte de un área conocida como "La Región". Sus hijos, Thomas Gehrig y Robert Ray, son sus socios comerciales.

Ventas $encillas

*Sentido común
que garantiza
su éxito*

por
Thomas Ray Crowel

Las caricaturas de Thomas son de
John Kascht

Success Press, Highland, IN 46322 © Derechos Reservados 2006 por Thomas Ray Crowel

Las ediciones previas tienen derechos reservados en 1997, 1999, 2002

Todos los derechos reservados están bajo las convenciones de derechos reservados internacionales y pan-americanos.

Publicado en los Estados Unidos por Success Press, Highland, IN 46322

Número de fichero de la biblioteca del congreso: 2006936626

ISBN-13: 978-0-9669917-5-8

Datos de catalogar en publicación:

Crowel, Thomas.

Ventas sencillas: Sentido común que garantiza su éxito /

Thomas Crowel. – Edición revisada

p. cm.

1. Ventas - Manuales, etc.   I. Título

Primera edición 1997
Segunda edición 2006

RECONOCIMIENTOS

Aprecio el apoyo de mi familia y mis amigos. Particularmente, deseo expresar mi gratitud a unas pocas personas en especial quienes han sido activas en y han contribuido a mi carrera de escritor.

Patricia A. Gillham es mi publicista, asesora, editora y una de las personas que más me ha apoyado y que ha estado a mi lado durante los altibajos de esta montaña rusa de la vida. Es una verdadera amiga.

Ken Atchity y Chi-Li Wong de AEI, mis agentes literarios, que también son productores y escritores. Agradezco su representación. Siempre estaré agradecido con Ken por compartirme su vasto conocimiento y orientación. Él nunca se rinde.

John Kascht es uno de los artistas de caricaturas más renombrados y buscados hoy en día. Ha dibujado a varias celebridades famosas, y su trabajo se ha mostrado en una variedad de revistas y diarios. Tengo el honor de tener su trabajo en *Ventas Sencillas,* y siempre le estaré agradecido por su mano artística.

Para Patty

La gente piensa, las máquinas no

INTRODUCCIÓN

La gente ha canjeado mercancías y servicios desde el comienzo de la historia humana. Una gran parte de la información que comparto en este libro no es nueva. Espero haberla presentado, sin embargo, de manera sencilla, de una que será una nueva perspectiva sobre una profesión muy vieja.

La información que puede aumentar su conocimiento y afila su técnica de ventas, bien vale la pena encontrarla. El proceso de ventas consiste de muchas cosas, algunas de las cuales se pueden enseñar, y otras no. Si de verdad le gusta hablar (y escuchar) a la gente y cree que su producto satisface una necesidad en el mercado, entonces ya está a medio camino hacia el éxito. Otra característica importante, es conocida con muchos nombres. Algunas personas la llaman sentido común, o buen juicio, o incluso sensatez nata.

Tanto en la vida, como en las ventas, su sentido común le guía a tomar las decisiones indicadas. Pero el sentido común sólo tiene sentido si tiene la información indicada para guiarle. En el mundo actual de la información, el conocimiento ya no es opcional; es necesario.

Mi libro se trata de usted, el vendedor, y los muchos papeles que interpretamos en el mercado actual. En cualquier momento dado, somos tanto vendedor como comprador. En las ventas, el comprador y el vendedor cambian de papel muchas veces. Usted debe juzgar cómo mis ejemplos se aplican a su carrera.

He conservado la sencillez de este libro por dos razones. Primeramente, porque muchas veces omitimos las cosas importantes en la vida. Recordamos un nombre, pero se nos olvida cómo es la persona. Segundamente, porque todos necesitamos renovar nuestro conocimiento para seguir en buen camino.

Para las personas que ya tienen éxito y los

vendedores experimentados, no tengo la intención de mostrarles un nuevo enfoque de las ventas. Pero sí espero recordarles de lo que ya saben. Reflexionen sobre su camino al éxito. Renuévense.

Para algunos de ustedes que apenas están empezando, o necesitan una mano de ayuda para vender, mi consejo es que traten a su cliente como quisieran ser tratados. Sean justos con sus clientes. Su recompensa será personal y provechosa.

Este libro es un libro elemental para el novato y un diario para el profesional. Las ventas sencillas tratan de sentido común. Espero que disfrute leer y usar este libro. ¡Buena suerte!

—Highland, Indiana, 2006

CONTENIDO

Sección 1: Escogiendo una carrera de ventas 1
¿Por qué ventas? 2
¿Quien vende? 4
Resumen 7
Examen de auto-ayuda #1 8

Sección 2: La preparación para una carrera en ventas 10
Apariencia 11
Cuento de ventas 15
Auto-mejoramiento 20
Manténgase informado 22
Responsabilidad 24
Capacitación 27
Cuento de ventas 29
Resumen 34
Examen de auto-ayuda #2 36

Sección 3: Esté listo, prepárese 37
Sistemas 38
Tarjetas de presentación 41
Práctica 44
La lealtad sobresale 45
Comisiones 47
Tener éxito 48
Puntuación 49
Días de lluvia 51

Resumen 54
Examen de auto-ayuda #3 56

Sección 4: Motivación 57
Los detractores 58
Sea optimista 60
Manténgase motivado 62
¿Suerte o trabajo duro? 65
Compromiso 67
Buscando el gancho 69
Resumen 72
Examen de auto-ayuda #4 74

Sección 5: Buscando ventas 75
Números y sospechosos 76
Cuento de ventas 79
Necesidad, deseo, y la
  capacidad de pagar 81
Métodos para buscar clientes
  potenciales 83
Telemercadeo 84
Busca de clientes de puerta en puerta ..86
Correo directo 89
El momento indicado para
  buscar clientes 90
Calidad contra cantidad de tiempo 93
Supermercados 95
Contribuciones 97
Otra mirada a la búsqueda de clientes ..98

	Participación del cliente 104
	Resumen 106
	Examen de auto-ayuda #5 109
Sección 6:	Ventas: El proceso – Preocupaciones del comprador 110
	Prestar atención 111
	¿Quién toma las decisiones? 113
	Cuento de ventas 114
	Mantenerse enfocado 118
	Los camaleones saben cuando cambiar ..119
	Perseguir los arcoiris 123
	Seguir el buen camino 125
	Resumen 127
	Examen de auto-ayuda #6 129
Sección 7:	Ventas: El proceso – Preocupaciones del vendedor 131
	El don del habla 132
	Piense primero, venda al último 134
	No venda lo que no tiene 136
	El carnicero 138
	Presionar demasiado 140
	Sea paciente 142
	Escoja uno 143
	Cobrar 145
	No vendido 147
	Cuentos de pesca 148
	Miedo al rechazo 150

El cierre 152
Maneras de cerrar una venta 154
Resumen 158
Examen de auto-ayuda #7 162

Sección 8: Sabiduría 163
De cinco a siete "no" 164
Fracaso 165
Cuento de venta 168
Intenciones ocultas 170
Después de la venta 172
Servicio 174
Media barra de pan 176
Ventas en equipo 178
Resumen 181
Examen de auto-ayuda #8 183

Sección 9: …Y más sabiduría 184
¿Con quién hablo? 185
Animándose para la venta 187
Jerga 189
No intente vender por teléfono 190
Ostentación y glamour 192
Cuando se equivoque, admítelo 194
Cuento de ventas 196
Corrector de problemas 198
Felicidades 199
Sintonización fina 200
Competencia injusta 202

No guarde rencor 203
Sobreventa 205
Resumen 207
Examen de auto-ayuda #9 210

Sección 10: Este siglo y más allá 211
Servicios en desaparición 212
Los vendedores ambulantes
 en desaparición 214
Avances de alta tecnología 216
Los representantes sobrevivientes
 de venta 218
Resumen 221
Examen de auto-ayuda #10 222

Sección 11: La palabra final: lo esencial 223
Dulces sueños 224
Conocimiento, optimismo,
 y perseverancia 228
Examen de auto-ayuda #11 231

ÍNDICE: 233

xxix

SECCIÓN 1

Escogiendo una carrera de ventas

El principal negocio del pueblo Norteamericano es el negocio.
— Calvin Coolidge, Enero 17, 1924

¿Por qué ventas?

Así que, necesita un empleo, o acaban de ofrecerle uno, y quiere saber si una carrera en ventas es lo indicado para usted. Las personas eligen una carrera en ventas por una variedad de razones. Cualquiera que sea la razón, el requisito más básico, el cual no se puede enseñar, es que debe ser una persona a la cual "le guste la gente". Puesto que un vendedor interactúa con muchas personas, debe de agradarle que las personas tengan éxito. Una buena venta ofrece la emoción de un reto, recompensas económicas y, por supuesto, orgullo por un trabajo bien hecho.

Los vendedores interactúan con sus clientes. Aunque hay muchas similitudes entre las personas, también hay diferencias. Esto hace que conocer a los nuevos clientes sea emocionante. Sus conversaciones varían a diario. Vender es una experiencia continua de aprendizaje, y a mí me agrada eso y a la mayoría de los vendedores les agrada también. Vendiendo proporciona la oportunidad de intercambiar ideas y conocimientos. Una carrera en ventas implica una abundancia tanto de clientes como de colegas.

Una carrera en ventas ofrece un reto. Los clientes son un reto. Exigen la mejor calidad por una cantidad más pequeña de dinero. Los colegas, por otra parte, ofrecen competencia. Éste es otro tipo de reto, y por supuesto, los mejores vendedores siempre están retándose y compitiendo los unos con los otros. Establecer nuevos documentos de venta y nuevas metas; obtener nuevos logros, y ganar dinero, todo esto forma parte de una carrera en ventas.

Puesto que todo se compra o se vende, una carrera en ventas es económicamente provechosa. Los únicos límites son los establecidos por el vendedor. En muchos casos el único límite es el cielo. Ventas, por eso, es una carrera de altos ingresos.

He guardado una de las mejores razones para el final: cuando se hace con honestidad, el comprador, tanto como el vendedor, sacan provecho. Los dos se benefician. Los dos mejoran su estilo de vida. Los dos sacan provecho de la venta. Siempre hay una sensación de orgullo en el cliente después de una compra, por ejemplo: comprar un coche, una casa, o cualquier artículo que cumpla con una necesidad o proporcione comodidad. Los vendedores también comparten esa sensación con ellos, porque los dos formaron parte del proceso de la venta.

¿Quién vende?

Todo el mundo vende. Todo lo que puede imaginar se vende, incluso la política, la religión, y las relaciones.

Las campañas políticas efectivas siempre necesitan finanzas. Los candidatos y sus partidarios, deben vender a los votantes el hecho de que sus programas cumplen con las necesidades del público. El candidato también tiene que convencer a los electores de que puede servir y ser líder. Así que, como usted puede ver, ganar una elección y servir al público, requiere la capacidad de venderse.

Los líderes religiosos también deben convencer a sus congregaciones de su capacidad. La iglesia necesita dinero para existir y operar sus programas. Además, los líderes de todos los grupos religiosos venden sus mensajes espirituales a sus miembros.

Tanto el negocio, como las relaciones personales necesitan el arte de vender para tener éxito. Los dos necesitan encontrar un consenso. Primero, los individuos necesitan familiarizarse el uno con el otro y conocer los intereses y las preferencias del otro. Segundo, se requiere la capacidad de negociar y comprometerse.

Sea la que sea la relación, son valiosas las herramientas de la negociación y el compromiso.

Pensándolo bien, todos sabemos un poco sobre el arte de vender.

Resumen

Sección 1: Escogiendo una carrera de ventas
Una carrera en ventas ofrece:
- El reto de vender su producto y competir con sus colegas.
- Recompensa económica: en las ventas, la cantidad de dinero que gane se basa en su capacidad de vender su producto.
- Orgullo por un trabajo bien hecho: El comprador y el vendedor se benefician de la venta.

Todo se vende y se compra. Se usan las técnicas comprobadas de ventas para vender todo - no sólo mercancía y servicios - sino también ideas, conceptos y capacidad. A un vendedor bueno le debe gustar hablar, escuchar y aprender de los clientes para tener éxito.

Examen de auto-ayuda #1

1. Haga una lista de las ventajas y contras, según los ve, al escoger una carrera en ventas. ¿Puede convertir los contras en ventajas con la capacitación adecuada?

2. Para la mayoría de nosotros, nuestras 24 horas del día se dividen en tres – un tercio para dormir, un tercio para trabajar, y el tercio restante para el ocio. Al llegar a los sesenta años de edad, veinte de esos años fueron pasados en el trabajo. Haga los cálculos y decida: ¿De veras está contento en el empleo que escogió?

3. ¿Es usted una parte importante de su trabajo, o simplemente asiste? Sea honesto consigo mismo.

4. Escoja las dos áreas en que se gana más dinero.

   A. Leyes

   B. Medicina

   C. Ventas

   D. Casa de la moneda de los Estados Unidos

SECCIÓN 2

La preparación para una carrera en ventas

Se puede hacer que la gente siga un camino de acción, pero no se puede hacer que lo entienda.
— Confucio

Apariencia

Véase lo mejor que pueda. La gente juzga un libro por su portada. La razón principal por la cual quiere tener una imagen de maravilla, es doble: primero, mejorará sus ventas; segundo, si se ve bien, se siente bien. Una buena actitud también aumentará sus ventas.

A la gente le gusta comprar productos que

le agradan, y antes de que un vendedor intente vender su producto, debe primero venderse a sí mismo. Para ser exitoso, véase exitoso. Si la portada de un libro no llama nuestra atención, generalmente no lo abrimos. Lo mismo pasa en el caso de la comida. Si no se ve rica, ¿para qué probarla? Su apariencia debe darle la mayor confianza posible. As el cliente le tendrá confianza.

Si tiene un buen aseo, su actitud lo refleja. Una actitud positiva es uno de los mejores recursos de un vendedor. La apariencia contribuye muchísimo a una buena actitud. Por ejemplo, cuando los estudiantes de la preparatoria se preparan para el baile anual, los jóvenes quieren verse lo mejor posible. Es un evento que quieren recordar por mucho tiempo. Se ponen sus esmóquines y vestidos formales y quieren que todo sea perfecto. Se toman muchas fotos durante la "gran noche", y toda la atmósfera es de risa y felicidad, y así debe de ser, puesto que todos se sienten bien y sus actitudes son positivas. El humor de todos es animado. Los vendedores necesitan estar en plena forma para ser efectivos. La manera en que se presenten es tan importante, como la manera de presentar su producto. El atuendo de una persona, se puede comparar con un auto nuevamente lavado y pulido en el sentido de que ilumina su actitud al manejarlo.

Los diseñadores de productos gastan millones de dólares para hacer que su producto agrade al público en general. Los diseñadores de modas gastan mucho dinero en inspirar un humor en el consumidor, que los conduzca a las compras, y los modelos de pasarela expresan una actitud de confianza exitosa.

La imagen es importante. Como vendedor, no tiene que gastar mucho dinero en su apariencia; pero debe invertir lo suficiente, para adquirir la imagen exitosa que presenta al público. Necesita una imagen que le dé confianza, para asegurarse que sus clientes y los clientes potenciales le confíen. La gente suele hacer negocio con las personas que no sólo tienen éxito, sino que también se ven exitosas.

Los analistas pol ticos afirman que durante la campaña de Nixon y Kennedy, uno de los factores con más influencia que ayudó a Jack Kennedy a llegar a ser presidente, fue el hecho de que se viera mejor que Richard Nixon en la televisión durante el debate. Verse bien es una de las cosas más fáciles de lograr. Es simplemente cuestión de presentarse lo mejor que se pueda.

No es mi intención entrar en detalles sobre cómo debe vestirse. Han escrito muchos libros sobre ese tema. Quiero tomar un momento para considerar qué opina sobre el tema del vestir y el aseo. ¿Confiar a en un banquero, si pareciera como si acabara de limpiar los canalones de su casa? ¿Quisiera tener un doctor, que pareciera como si hubiera dormido en su ropa puesta durante una semana? Las primeras impresiones son muy importantes. "Encajar en el papel" no es sólo uno de los logros más fáciles, también es uno de los más esenciales.

Cuento de ventas

Antes de que comparta esta historia, debo decirle que me criaron en una generación que se consideraba formal. En aquel entonces, los trabajadores de las gasolineras llevaban uniformes completos, incluyendo corbatas de moño. Los acomodadores de los teatros, llevaban sacos con botones de bronce. Cada oficio ten a su propia imagen. La mejor manera de describir a un vendedor de puerta en puerta en aquel entonces, es imaginar a Frank Sinatra en un traje con un sombrero de fieltro, o de paja, dependiendo de la temporada, y siempre con corbata normal o de moño. Ciertos estilos de vestir han cambiado durante los años, pero el traje formal azul (o gris) parece haberse conservado igual.

Trabajé en todo tipo de barrio: el alemán, el polaco, el irlandés, el de los sureños, el de los negros, etc. El nuevo agente que capacitaba iba a trabajar en un área que estaba dividida en áreas de polacos, sureños, y negros. Su nombre era Francis.

Primero, tengo que decirles que yo no sabía lo que era un traje ligero para verano hasta que un día mi director me lo explicó. Sabiendo que ya ganaba suficiente dinero, me dio una tarjeta de presentación de una tienda de ropa fina para caballero y me dijo que viera a uno de sus mejores sastres para que me equipara de la cabeza a los pies.

Regresando a lo de Francis: tenía una estatura y un peso normal para un hombre de veintitantos. Llevaba un traje azul marino…pues, una parte de él era azul, el saco. Sus pantalones eran por lo menos tres tonos más claros, marchitos por el sol. Éste era su único traje y el mismo que había tenido desde su graduación de la preparatoria. Su camisa blanca era de un gris revelador, su corbata era roja, aunque el nudo era granate, por demasiados ajustes que hacía con sus dedos mugrientos. Francis tenía un pañuelo metido en el bolsillo de su camisa, que, juzgando por su aspecto, había estado allí durante un buen rato.

Tenía una cadenita que supuestamente parecía como de un reloj de bolsillo. Ese tipo de cadenita solía ser de oro, o por lo menos de pirita, y tenía ornamentos o una especie de cosa como un reloj o llavero especial. Tiene mucho rato que no me acuerdo lo que tenía Francis en esa cadenita, sin embargo, esa cadenita no era desconocida para mí, porque teníamos una muy parecida en nuestra tina para lavar ropa con un tapón de hule al final. La mayor a de las familias la ten a en sus tinas de baño y lavamanos en sus casas.

No puedo culpar a Francis por ser pobre e ignorante, en cuestión de estilo y manierismos en general. A fin de cuentas, yo hab a estado en su lugar en algún momento.

Antes de invitarlo a pasar, platiqué con el.

"Francis", dije, "no quiero lastimarte, pero tendrás que deshacerte de esa cadenita de tapón de baño. Y ¿estás conciente de que tu saco y tus pantalones son de dos tonos distintos de azul?"

"Es que no siempre llevo el saco con los pantalones", dijo Francis.

"Entiendo", dije, "pero durante las siguientes dos semanas, voy a conseguirte unas ventas y aumentar tu cheque de comisiones para que puedas ir al centro a Two Legs (una tienda de ropa para caballero que vendía trajes a precios modestos y que venían también con dos pares de pantalones) para conseguirte un nuevo traje. ¿Está bien?".

"No tengo dinero", dijo.

Francis no siempre prestaba atención, un defecto mayor en muchos vendedores.

"Lo sé", dije, "pero tendrás más que suficiente al final de las dos semanas. Probablemente lo suficiente incluso para conseguir un par de zapatos nuevos, o por lo menos nuevas suelas y tacones en los que llevas.".

Era difícil llevar a Francis por la sección de los negros de la ciudad. Los residentes allí se vestían de manera impecable, es decir, se vestían muy bien. Pero lo llevé de todos modos, y de acuerdo con mi promesa, sus comisiones aumentaron notablemente.

Al pasar el tiempo llegó a ser aparente que Francis no iba a comprar nada nuevo y nunca salí con él de nuevo. Eventualmente salió del juego de las ventas.

De vez en cuando pienso en él y cuento esta historia a los nuevos vendedores. Acuérdese, el público sí juzga un libro por su portada. Siempre lo ha hecho.

Auto-mejoramiento

El auto-mejoramiento siempre es admirable. La gente respeta a las personas que se mejoran a sí mismas, personal o profesionalmente. Se requiere la disciplina y el esfuerzo para tener éxito.

Si intenta bajar unos kilos, o estudiar para pasar un examen, debe hacer un sacrificio. Si elimina las horas que pasa durmiendo, su tiempo se divide entre trabajo y placer. Las opciones llegan a ser difíciles para muchos vendedores, es decir, cuándo deben trabajar en la venta y cuándo deben descansar. La persona que dijo, "Trabajo antes que placer" tenía toda la razón. Fuera de algunos pocos individuos nada comunes, el trajín diario no es siempre placentero.

Una vez que acordamos que el éxito requiere un esfuerzo, podemos discutir acerca del individuo que no puede empezar, o que encuentra otras maneras de postergar poner sus manos a la obra. He descubierto que si anoto las cosas que quiero lograr, mantengo el enfoque. Haga una lista de metas laborales y una vez que la haya terminado, tache cada cosa que haya logrado. Luego, tache las cosas que quiere acabar. Finalmente, elimine las cosas no tan importantes de la lista que de todos modos agregarán un bono extra a sus objetivos. La lista está completa. No haga que sea difícil para sí mismo. Si no logra todo, agregue las cosas restantes, a la parte superior de una nueva lista. Aprenda a organizar su tiempo según sus prioridades.

Cuando la gente aprende a organizarse, logra mucho más en mucho menos tiempo. Cabe agregar que no hay sentido en colocar cosas en su lista que no tiene ninguna intención de hacer. Sea honesto consigo mismo.

Pase trabajando su tiempo de trabajo. Nadie dice en su lecho de muerte, "Caramba, hubiera pasado más tiempo en la oficina.".

Manténgase informado

La manera más rápida de obtener información es buscándola. Puede aprender al escuchar, observar, leer, y hacer. Sin importar el método que un vendedor decide aprender a usar, tiene que conocer el producto que vende.

Una vez tuve un empleo trabajando en un vivero. Creo haber tenido como veinte años. Sabía casi nada sobre las semillas para el pasto, el fertilizante, los cortacéspedes, o cualquier otro equipo; sin embargo, la mayoría de las respuestas que los clientes buscaban estaban justo allí en el sitio. Todas las instrucciones o estaban en los paquetes o se explicaban a través de folletos. Pasé una gran parte de mi tiempo leyendo sobre semillas de pasto en los paquetes de semillas. El equipo se describía en libros o en volantes. Siempre leía el material como si fuera a hacer una compra. De esta manera, daba a los productos la atención detallada que necesitaría para responder a las preguntas del cliente. Si es posible, siempre es mejor pensar en términos personales: ¿Cómo quisiera que le ayudaran? Se sirve mejor al cliente de esta forma.

Cuando se trata de aprender sobre los productos, la mayoría de las compañías tienen sus propios programas de capacitación. Los productos, con el tiempo, cambian, igual que los programas. Muchos productos se actualizan, algunos se mejoran, y otros se descontinúan. Para mantenerse al tanto sobre su producto, debe conocer a la competencia y adquirir un conocimiento amplio de su propia industria. El conocimiento siempre está disponible; sin embargo, los mejores vendedores aprovechan la información. Hoy en día, los consumidores están acostumbrados a leer y ver datos antes de comprar. Como representantes de venta, se espera que contestemos sus preguntas y que hagamos recomendaciones. Esto sólo es posible al conocer nuestros productos.

Responsabilidad

Sea responsable. Es difícil a veces admitir que cometemos errores, especialmente los que cometemos en el trabajo. Sin embargo, cuando se enseñan un nuevo concepto o un nuevo enfoque a una vieja idea, es inevitable que ocurran errores. Si hay algo malo en equivocarse es el no admitirlo. Pregunte a cualquier persona que haya estado en la posición de capacitar o enseñar a alguien, y esa persona asentirá que tener excusas estorba en el aprendizaje, tanto para el alumno como para el maestro.

Primero, si no puede admitir un error, es muy difícil seguir adelante con otra cosa. Por ejemplo, si al manejar un coche da una vuelta equivocada, no llega a donde quiere estar. Si sigue en la dirección equivocada, tardará aún más tiempo para llegar a su destino. Hasta que admita que ha cometido un error, su sino seguirá igual, estará perdido y en el rumbo equivocado. Para corregir el error, debe detenerse para preguntar a alguien, mirar un mapa de calles, o pensar de nuevo en su decisión. La mayoría de las decisiones están en esta categoría. Para corregir un error, primero debe estar convencido que ha cometido uno. O tienen que mostrarle el error, o tiene que darse cuenta usted mismo.

¿Pero, cómo puede corregir un error si no sabe lo que es? He cometido muchos errores al vender. Uno de los errores más embarazosos que cometí, pasó cuando vendía una póliza de seguro a un hombre de cincuenta y tantos, y una mujer de veintitantos que yo había supuesto era su hija. Era un supuesto muy pobre. Pregunté, "¿Dónde está su esposa?"

Me dijo que la mujer era su esposa, y perdí la venta. Siempre trato de no tomarlo de manera personal. Eso estorba. Los errores se cometen cuando el vendedor no entiende todos los aspectos de lo que está vendiendo. El re-vender es siempre más difícil que el vender. Es más fácil enseñar a las personas a que admitan que no entienden el material. Eso, permite que el maestro y el estudiante trabajen juntos hacia una solución. Un aprendiz tiene que estar dispuesto a aprender.

Estar dispuesto a aprender significa tener responsabilidad. Olvídese de tener excusas. Permita que su instructor le capacite y le enseñe. Si lo hace, descubrirá que todo el proceso se vuelve mucho más sencillo. El aprendizaje también será mucho más rápido. Después de todo, una vez que aprenda un procedimiento, será su responsabilidad compartirlo con un nuevo aprendiz en algún momento en el futuro.

Nunca se sabe, cuando se requerirá que comparta su conocimiento. Por ejemplo: unas alcachofas se sirvieron en una cena. Uno de los invitados, un médico, no sabía extraer el corazón de la verdura. La anfitriona le mostró cómo hacerlo, y él procedió a enseñar a los otros invitados. Exclamó, "¡Esto es como en la escuela de medicina! Uno lo ve, lo hace, lo enseña.".

Capacitación

Puesto que no puede vender con éxito por accidente, es importante saber que está recibiendo la capacitación indicada. La mayoría de las compañías tienen programas de capacitación. Quieren que sus vendedores sepan vender. También es necesario que sus vendedores sepan sobre su producto. Las ventas son de mayor importancia a las compañías, y los vendedores bien capacitados son necesarios para alcanzar los objetivos de venta.

La capacitación se puede proporcionar de varias maneras. Algunos negocios mandan a sus vendedores a escuelas de capacitación. Otros prefieren que sus vendedores participen en cursos de correspondencia. Muchos enseñan y capacitan mientras están trabajando. Esto suele lograrse al asignar un vendedor experimentado a un aprendiz. El tiempo y el esfuerzo que se gastan en la capacitación están determinados por el producto que se vende. Mientras más complejo sea el producto, más tiempo se tarda en aprender a venderlo.

Sin importar el método de capacitación que se use, se requiere experiencia para que el vendedor llegue a ser hábil. La mejor manera de asegurar el éxito es a través de la experiencia. Mientras más entrevistas de venta realicen, más fácil será vender. Lo bueno es que aprenda de los fracasos y de los éxitos.

La razón por la cual las entrevistas de venta son importantes, es que con el transcurso del tiempo aumentan la confianza y la competencia. Por ejemplo, cada hit que obtiene un beisbolista, hace que la próxima vez el batear sea un poco más fácil. Cada entrevista de ventas, es una oportunidad para practicar la venta. Mientras más practica, mejor vendedor se vuelve.

Cuento de ventas

Cuando tenía veintitantos años, me ascendieron al puesto de director de personal en una compañía de seguros. Mi trabajo era el de capacitar a los agentes que vendían de puerta en puerta.

La capacitación de un agente recién contratado constaba de dos semanas en la oficina, seguidas por dos semanas en la calle. Durante su capacitación en la oficina, el agente aprend a varias coberturas de pólizas y de ciertos procedimientos de contaduría. Se concluía con una película de capacitación, una caricatura. Puesto que el logotipo de la compañía era un escudo, tenía mucho sentido que el personaje principal se llamara Will Shield (Escudo en inglés).

El agente Shield tenía una sonrisa de un millón de dólares, acompañada por los toques finales de un traje azul, una camisa blanca, y una corbata roja. La película mostraba a Will en acción en un barrio. Él se acercaba a una casa con su maletín en su mano y daba un par de golpecitos fuertes en la puerta.

Al abrir la puerta, la dama de la casa dijo, "¿Sí?".

Will respondió, "Estoy pasando por aquí para presentarme. Me llamo Will Shield de la National Life and Accident Insurance Company.".

"O, no me interesa tener un seguro de vida.", dijo la mujer.

"Me sorprendería mucho si lo fuera," le dijo Will al entregarle un regalo de la compañía, que sol a ser un paquete de semillas de flores, o un recipiente de agujas para coser, conocido como un "obligado".

Dijo a la mujer que muchos de sus clientes no sabían de sus prestaciones de seguro social. El agente Shield también llamó su atención, al decirle que había descubierto que las pólizas de seguro de mucha gente ten an beneficiarios antiguos, señalándole que los padres de su esposo probablemente todavía tenían el derecho a las ganancias de la póliza, en vez de ella. ¿Bastante ingenioso no?

Will Shield tenía una respuesta para todo. Sin embargo, yo tenía que entrenar al nuevo agente sobre cómo entablar una conversación de dos o tres minutos en la puerta del cliente potencial. Nuestra meta principal era conseguir una entrevista, con la intención de entrar en la casa para venderle a la persona de la familia que tomaba las decisiones.

Cuando yo llevaba a los nuevos agentes a la calle, ya habían ensayado bien el echar un rollo rápidamente. Fui el propio Will Shield encarnado de mi aprendiz. Después de dos semanas en el barrio, observando entrevistas, o recibiendo azotes de puertas en nuestras caras, por fin llegó el turno de mi aprendiz para demostrar su capacidad en la puerta.

Aquí está la primera de dos historias verídicas: el nombre de mi nuevo agente de ventas era Stan. Al acercarnos a nuestra primera puerta, dije, "Recuerda Stan, da unos buenos golpecitos.".

Se abrió la puerta.

"¿Sí?" dijo la señora de la casa.

Él le dio el paquete de semillas y luego me miró.

"Dale tu tarjeta de presentación", dije.

Él le dio su tarjeta, y me miró de nuevo.

"Dile adiós" dije.

Por fin Stan se armó de valor y dijo, "Adiós.".

Caminamos hasta la calle y subimos a su coche. Stan, que estaba algo atontado en ese momento, me miró fijamente y dijo, "Jamás me hagas eso de nuevo, hijo de P".

Una vez que dejé de reír, dije, "Esa no fue exactamente la estrategia de Will Shield,

¿Cierto?".

Segunda historia: otro nuevo agente estaba conmigo en busca de ventas por primera vez.

"Recuerda, Kurt", dije, "da un buen golpecito como el viejo Will Shield".

Kurt dio un par de golpes violentos como para romper sus nudillos. La puerta se abrió, y allí estaba parada una mujer robusta, con las manos en las caderas. "¡¿Que diablos intenta hacer, tumbar la puta puerta?!", dijo ella.

Kurt le dio las semillas de flor y dijo, "Jódase".

La mujer empezó a reír y luego se dirigió hacia mí y dijo: "Vaya, vaya qué vendedor tiene, ¿no?"

La moraleja: Si quiere tener una carrera en ventas debe estar dispuesto a aprender, a pensar con rapidez, ya sea en la puerta, en el teléfono, o incluso en Internet. Mantenga su enfoque. No divague.

Resumen

Sección 2: Preparándose para una carrera de ventas

- Los vendedores necesitan tener buen aseo y presentar una imagen pulida al público. Su imagen no debe ser extravagante o descuidada, sino una de confianza exitosa.

- La organización es la piedra angular del éxito. Haga listas. Logre metas. Tenga disciplina para mantener sus metas de venta en el camino.

- Continúe actualizando su conocimiento del producto que vende, la competencia, y la industria en general. Tenga conciencia de las modas actuales, tanto en ventas, como en desarrollo de productos. Sus clientes esperan que hable de sus preocupaciones. Su conocimiento del producto le da una ventaja para el éxito.

- Su carrera depende de su capacidad de aprender de sus errores. Admita sus errores, aprenda de ellos, y siga adelante. Su experiencia se necesitará en algún momento en el futuro.

- La capacitación sobre ventas, se proporciona a través de varios métodos. Algunos métodos que se suelen usar son: escuelas de capacitación, cursos por correspondencia y experiencia en el trabajo. No se desanime con el proceso, aprendemos tanto del fracaso como del éxito.

Examen de auto-ayuda #2

1. ¿Está dispuesto a hacer lo que sea necesario para alcanzar sus metas? Escriba un párrafo o dos, describiendo con detalle su plan para el éxito, es decir, si tiene uno. ¿Lo tiene?

2. ¿Está dispuesto a aceptar el fracaso como parte del éxito? ¿Alguna vez ha fracasado en algo sólo para luego tener éxito? Pista: aprender a atar sus cabetes, o aprender el alfabeto. Puede pensar en tres más:
   A._____
   B._____
   C._____

3. ¿Al vender, en qué momento el fracaso llega a formar parte del éxito? Dé un ejemplo.

4. ¿Qué tiene que ver manejar un auto brilloso con la actitud del chofer?

SECCIÓN 3

Esté listo, prepárese...

La dificultad es la excusa que la
historia nunca acepta.
— Edward R. Murrow, 1959

Sistemas

Si cree que puede construir una mejor ratonera, hágalo. Sin embargo, antes de empezar, asegúrese que sabe cómo usar la que tiene ahora. Todos, incluyéndonos a usted y a mí, queremos mejorar el sistema que usamos. El mensaje es "mantenerlo sencillo". Antes de que empiece a cambiar y arreglar todo de nuevo, debe tener una idea general de cómo funciona algo. Por ejemplo, antes de que decida tomar una ruta diferente, quiero saber a dónde conduce el camino existente. Si tomar las rutas comprobadas hacia un lugar en particular es el plan más seguro, ¿por qué tanta gente quiere cambiar los sistemas exitosos de venta antes de entenderlos por completo? Lo hacemos por dos razones: una, a la mayoría de nosotros nos gusta contribuir, y la segunda es nuestro deseo de individualismo. La primera, contribución, sólo se puede lograr con éxito al saber cómo contribuir. Por ejemplo, déjenos usar el ejemplo de buscar un atajo. Para determinar qué parte de la ruta hay que eliminar, debemos primero saber la razón por la cual se estableció el camino existente. Si el camino está muy gastado, entonces muchas personas antes de nosotros han usado este rumbo.

Cuando llegue el momento de buscar un camino alternativo, debemos saber qué es lo que buscamos. Los descubrimientos han ocurrido por azar, pero sólo un tonto no aprovecha lo que está a la mano. Siempre instruyo a mis aprendices, para que usen y copien lo que ha sido exitoso para sus predecesores. Luego, cuando estén cómodos con los métodos de ventas y estén relajados y sean exitosos, pueden hacer cambios. El compartir ideas siempre ha tenido lugar entre vendedores. Los cambios positivos se deben hacer de vez en cuando, sin embargo, la mayoría de los conceptos de venta son básicos. Entonces, es bueno contribuir, pero los vendedores ingeniosos primero aprenden lo básico.

Una vez que una persona tenga éxito, los métodos de venta se ajustan y cambian. Esto beneficia el proceso de ventas. El individualismo en las ventas es necesario para la satisfacción personal. Eventualmente, llega a formar parte de un sistema de ventas; por eso, siempre se debe animar. Por ejemplo, antes de que un compositor llegue a ser hábil, debe estudiar música. Una vez que el estudiante aprenda lo básico, puede decidir hacer arreglos musicales según sus preferencias individuales. Lo mismo es cierto para los vendedores. Antes de que puedan arreglar sus presentaciones de venta, según su propia satisfacción, deben aprender lo básico. Luego, con lo que han aprendido, podrán agregar nuevas ideas que contribuyan a la presentación o al cierre de la venta.

Tarjetas de presentación

Uno de mis momentos de más orgullo, cuando empezaba mi carrera, fue el día en que recogí mi primera tarjeta de presentación. Una tarjeta de presentación es algo que puede dar a un cliente potencial cuando se presenta. Puede tanto "romper el hielo" como ser una tarjeta de referencia. Es, y puede ser, una fuente de conversación. Un vendedor efectivo siempre tiene una a la mano.

Cuando presenta su tarjeta de presentación, está mostrando quién es, dónde está ubicado, y cómo le pueden contactar. La mayoría de las tarjetas de presentación, dan a una persona, una idea general de lo que usted representa. La tarjeta es económica. Usted es su mejor anuncio.

Puesto que le permite explicar brevemente lo que es su negocio o su mensaje, su tarjeta de presentación le da esos momentos esenciales, que suelen necesitarse para hacer el primer contacto. La tarjeta le asiste en empezar una conversación con un extraño total. Es un concepto sencillo. La persona que recibe tarjeta puede decidir aceptar o rechazarla. Instantáneamente, llama la atención de la persona que la recibe. También da algo a la gente que puede ver y considerar mientras está pensando en algo que decir. Es una cortesía.

Además de ser un inicio cortés de una conversación, su tarjeta comercial se puede usar como referencia futura. La tarjeta está diseñada para que una persona pueda guardarla para usarla después. Le otorga esa opción a la persona que la recibe. La tarjeta de presentación es mucho más eficaz que un folleto de ventas. Un panfleto puede suponer demasiado. El material de venta intenta vender. La tarjeta de presentación presenta.

Incluso cuando no la ofrezco, la gente me ha pedido mi tarjeta. A veces, se le acaban a la gente de negocios, porque se piden con tanta frecuencia. La sencilla tarjeta de presentación todavía es la manera menos cara de esparcir su mensaje. Incluso después de cuarenta años, todavía me da placer y muchísimo orgullo, ofrecerle a alguien mi tarjeta de presentación. Creo que un vendedor siempre debe tener una.

Práctica

La práctica perfecciona sólo si practica de la manera indicada y con frecuencia. Pregunte a cualquier persona exitosa. Escoja lo que escoja hacer para llegar a ser hábil, debe hacerlo con regularidad.

Uno golpea las pelotas de golf en el campo de práctica una y otra vez durante numerosos años, antes de que un golfista llegue a ser de los mejores. Hay muy pocos atletas con talento natural. Me acuerdo de leer en algún lugar que si la gente practicara entre cinco y seis horas diariamente, durante un periodo de cinco años, llegaría a tener éxito en lo que había decidido hacer, sin importar lo que fuera. No creo que ése sería el caso, si no practicara de manera satisfactoria.

Lo que sí sé, y estoy dispuesto a compartir con usted, es que si no pasa algo de tiempo agudizando sus técnicas de ventas, sus probabilidades de vender no mejorarán. Cada vez que un vendedor tiene una entrevista con un cliente, hay una oportunidad para aprender. Está bien cometer errores. Cuando un golfista no le da a la pelota, o la golpea de manera impropia, tiene la oportunidad de corregir y repetir su swing. El vendedor tiene la misma oportunidad y opción. Puede corregir lo que le salió mal en el siguiente intento. Igual que en cualquier deporte, una carrera en ventas requiere de tiempo y práctica para aprender y muchas horas para perfeccionarla. El chiste es empezar.

La lealtad sobresale

Si encuentra que no puede ser leal a una compañía o a un producto, es hora de salir. Es difícil vender algo en lo que no tiene fe. El entusiasmo es la parte principal de una venta. Casi cualquier persona sabe que es más fácil estar feliz cuando de veras se está feliz. Actuar como si estuviera contento requiere más esfuerzo. Una venta requiere mucha energía. Un vendedor requiere toda la energía que pueda reunir; cualquier cosa que quite esa energía de ventas se debe descartar.

Si trabaja en una compañía, en la que cree que le tratan a usted o al público de manera injusta, salga de ella. Quedarse sería deshonesto para usted y para su patrón. Luego, ser engañoso con el cliente es impropio. Finalmente, el vendedor debe creer en el producto que vende.

Siempre he sido afortunado. Durante los años, he vendido sólo aquellos productos en los que he confiado. Mi regla es sencilla: si me dieran la oportunidad, compraría el producto que vendo. No pase mucho tiempo aprendiendo sobre un producto, para luego encontrar, que no está convencido de su necesidad en el mercado. Los mejores vendedores deben creer en lo que venden.

Acuérdese, para que convenza al comprador de que compre su producto, se debe enfrentar a las objeciones. Esto puede ser difícil, casi imposible, si el producto no es convincente para usted. La lealtad y la honestidad van de la mano. Un vendedor necesita las dos cosas para tener éxito.

Comisiones

Los vendedores reciben sus ingresos de cualquier y toda combinación de salario, comisiones, o prestaciones. Cuando la compensación incluye una comisión, la pregunta obvia es: "¿Qué porcentaje de ventas totales me pagarán?". No hay nada malo en preguntar, pero hay que considerar más que la cantidad.

Debe evaluar si su producto tiene un precio competitivo. Si todos los demás factores como la calidad y el servicio son iguales, pero el mercado no tolera ese precio, entonces la comisión no importa, porque el producto no se venderá. Después de todo, cien por ciento de nada, es nada. Primero, investigue el producto que quiere vender.

Requiere tiempo para sentirse cómodo con algo, así que le conviene familiarizarse con el producto, en vez de contar sus comisiones antes de que haya vendido algo. Acuérdese, el mercado controla los precios competitivos, y la estructura corporativa debe ofrecer comisiones competitivas.

He descubierto que es muy rentable primero cuidar lo que necesita el cliente. Si se hace de la forma apropiada, los ingresos o las comisiones la seguirán. Las compañías legítimas se dan cuenta de que si sus vendedores no reciben una recompensa adecuada, sus ventas sufrirán, y sus vendedores buscarán empleo en otro lado.

Tener éxito

Haga lo que necesite para tener éxito honorablemente. Decida sobre un plan y sígalo. Acuérdese, nada está escrito en piedra. Sea flexible. Esté dispuesto a hacer ajustes. Sepa que los cambios son inevitables; pero de ninguna manera se preocupe sobre lo que hacen los demás. Para ser más preciso, nunca deje que los celos se metan en su camino. Los celos son la característica más negativa. Es desperdiciar el tiempo y ser contraproducente.

Cuando la gente pasa demasiado tiempo negando el éxito de los otros, tienen menos tiempo para el éxito. ¿Cómo puede la gente producir si basa su productividad en los otros? La gente está mal orientada y engañada si usa su energía preocupándose sobre lo que no tiene, en vez de lo que puede tener. No hay nada bueno que se pueda decir sobre los celos. La única certeza es la necesidad de evitarlos.

Puntuación

En los eventos deportivos, puede estar seguro de ver el marcador. Por ejemplo, en la mayoría de los juegos de fútbol americano, el marcador está cerca de un extremo de la cancha. Las funciones del marcador incluyen mantener un registro de los puntos de cada equipo e informar a los entrenadores y a los jugadores sobre el partido, como: cuánto tiempo falta, las yardas, los downs, etc.

El dinero es la manera de mantener un registro de la puntuación en los negocios. La cantidad de dinero que gana un vendedor es una buena indicación de cuántas ventas hace. En forma muy parecida a los entrenadores y los jugadores leyendo un marcador, los vendedores deben seguir con atención los otros factores que les informan sobre dónde están en el "juego de ventas."

Lo mejor es tener un sistema sencillo. Esta hoja de puntuación debe incluir, registros de la proporción de entrevistas: ventas, y las mejores horas del día de la semana para hacer visitas de ventas. Por ejemplo, siempre consideré los lunes un buen día para ponerse al día con el papeleo y planear el resto de la semana. Los lunes también son un buen día para reagrupar. Lleve la cuenta. Compre un planeador de ventas para seguir sus ventas. Si sus cuentas son sencillas, no se requerirá mucho esfuerzo para hacerlo. Los planeadores de ventas se pueden comprar en tiendas de suministros de oficinas. Hace años, mi jefe me dijo "un lápiz corto es mejor que una memoria larga." ¡Tenía razón!

Días de lluvia

Pague la hipoteca o la renta que sean pagaderas. Haga el pago mensual del coche o las tarifas de transporte. Pague los servicios públicos. Pague el recibo de teléfono. Compre comestibles. Pague, pague, pague. Cuando la mayoría de la gente ha terminado de pagar, no hay nada que ahorrar. Los agentes de venta necesitan saber ahorrar. Es importante, a causa de los ciclos de venta. Observe el producto que vende, y usualmente encontrará el ciclo de venta. Por ejemplo, las piscinas para su uso en la intemperie se venden en el verano, y el equipo para esquiar se vende en el invierno.

Si la gente quiere tener dinero ahorrado para un "día de lluvia" o tener unos ahorros más en serio, para temporadas de ventas bajas, tendrá que encontrar una manera de ahorrar dinero. No importa lo que gane, sino lo que ahorre. Un sistema para ahorrar es lo que se necesita.

El problema reside en la manera en que algunas personas reparten su dinero cuando lo reciben. Antes de pagar a todo el mundo primero, ponga algo al lado para usted mismo. Sin importar lo que gane, se debe guardar una cierta cantidad en una cuenta sólo para usted. Determine un porcentaje, quizás diez por ciento de cada cheque que reciba. Esta cantidad crecerá con el tiempo. Al ahorrar algo de sus ingresos, es como si no trabajara para otra persona. ¡Está trabajando para sí mismo! Una vez que el primer diez por ciento se deduzca, el dinero restante se puede usar para gastos.

Esto suena sencillo, porque es sencillo. La parte difícil es seguir estando decidido sobre la cantidad, una vez que haya decidido. Sin embargo, después de empezar, verá que procurarse primero no sólo se vuelve más fácil, sino que también tiene más sentido. Sin importar el sistema por el cual ha optado, siga con él. Acuérdese, ¡Páguese a sí mismo primero!

Resumen

Sección 3: Esté listo, prepárese…

- Aprenda las técnicas de venta de su compañía a fondo, antes de alterar cualquier paso del proceso. Una vez que haya tenido éxito con un plan comprobado, puede ajustar su presentación según su propio estilo. Usted es su mejor anuncio. Cuando ofrezca su tarjeta de presentación a clientes potenciales, tómese la oportunidad de hablar sobre su producto.

- Practique su presentación. Aprenda de sus errores. Roma no se construyó en un día, y usted probablemente no será un éxito instantáneo en las ventas.

- Salga de una compañía, o deje de vender un producto, si no tiene fe en ella o en él. La deshonestidad y el engaño no son atributos simpáticos profesionales o personales. La regla general de Tom es: No venda

un producto que no compraría. No trabaje para una compañía que no sea justa.
- Cuando negocie la compensación, acuérdese de considerar el precio del producto, su calidad y el servicio. Si el cliente está satisfecho, las comisiones y las referencias van a seguir.
- Los celos son un desperdicio de energía y contraproducentes. No niegue el éxito de los demás, ni se preocupe por lo que no tiene. Esa energía se usará mejor en su propio beneficio.
- Mantenga un registro de su proporción de entrevistas / ventas. Planee su día y haga un seguimiento de su progreso.
- Póngase del lado del dinero, para pagarse antes de pagar sus cuentas. Las ventas tienen ciclos que son propios de cada producto.

Examen de auto-ayuda #3

1. ¿Qué es el "marcador" del mundo comercial?

2. ¿Se encuentra buscando muchas excusas?

3. ¿Por qué los celos son un defecto mayor? ¿Cómo puede no enfocarse en ellos?

4. Si no le gusta cierto sistema ¿está dispuesto, a pasar un tercio de su vida aprendiendo cómo arreglarlo? o ¿quiere poner excusas y quejarse?

SECCIÓN 4

Motivación

*No hay seguridad en esta tierra;
sólo hay oportunidad.*
— Douglas MacArthur, 1955

Los detractores

La negatividad es uno de nuestros peores enemigos. Es un enemigo, porque siempre trabaja en su contra. Para tener éxito, tiene que creer en sí mismo. Si no está convencido de poder tener éxito, probablemente no lo tendrá. No me malinterprete, el fracaso en sí no es algo negativo. La manera en que la persona percibe el fracaso es lo que cuenta. Por ejemplo, un individuo puede decir, "No voy a poder hacer esto." "Esto" se puede referir a pasar un examen, ganar una competencia, encontrar un trabajo, etc. Otra persona puede creer lo contrario. Sin embargo, demos el ejemplo de que estos dos individuos fracasan; la diferencia, y, puedo agregar, una gran diferencia, es que uno de ellos por lo menos se dio la oportunidad para tener éxito. Se dice que el fracaso está del otro lado del éxito. Lo creo, igual que muchas otras personas.

Decir: "Si al principio no tiene éxito, intente

una y otra vez" todavía es efectivo. Yo sólo agregaría dos cosas. Primero, antes de hacer su intento, piense positivamente. Crea que tendrá éxito. Segundo, si fracasa, de todas maneras inténtelo de nuevo. Sin embargo, reevalúe su estrategia para que no siga el mismo camino. De nuevo, crea primero en sí mismo, y segundo, nunca tenga miedo de cambiar de curso. Cualquier persona le puede decir que tendrá éxito, pero lo más importante es que crea que tendrá éxito. Si lo cree, entonces la probabilidad es que si lo tendrá. Es extremadamente importante tener una actitud mental positiva. El éxito nace de los sueños.

Sea optimista

Es tan fácil encontrar defectos en los demás. Busque lo mejor de la gente. Encuentre los buenos atributos de la gente. Busque la hermosura en los eventos cotidianos. Es la diferencia básica entre el optimista y el pesimista, entre el éxito y el fracaso.

El dicho de, cómo el pesimista ve el vaso medio vacío, en comparación con el optimista que lo ve medio lleno, es un buen ejemplo. Hace pocos años, me pidieron que hablara en una conferencia de ventas. Estos discursos siempre se centran en la motivación. Aunque contar bromas no es uno de mis fuertes, escogí una que había escuchado hace años, y para ser honesto, explicó mi punto de vista muy bien. El cuento va así: Hay dos hermanos gemelos de diez años, que colocan en dos cuartos distintos, con espejos unidireccionales para ser observados por un equipo de sicólogos. Un niño siempre está feliz, el otro no, y el experimento fue diseñado para descubrir el por qué. En un cuarto colocaron todo juguete imaginable. El otro cuarto estaba lleno de estiércol de caballo. Al observar al niño en el cuarto lleno de juguetes, los sicólogos lo encontraron llorando. Cuando le preguntaron por qué estaba tan triste, respondió: "He jugado con cada juguete aquí, y ya no tengo nada más que hacer.". Sin embargo, cuando vieron al niño con todo el estiércol, los sicólogos lo encontraron chiflando y moviéndolo con una pala. Uno de los sicólogos estaba asombrado, así que preguntó al niño, "¿Por qué diablos estás tan feliz?". El niño respondió, "¡Con todo este estiércol por aquí, debe de haber un pony!"

Así que ahí está. Alguna gente siempre busca lo mejor, mientras otra gente no lo hace. Si va a sobresalir en las ventas, necesita adquirir las características del optimista.

La gente encuentra maneras de evitar al pesimista. A todos nos gusta escuchar las buenas noticias. Es fácil ser optimista. Todo lo que tiene que hacer es buscar lo mejor y mantener una actitud positiva.

Manténgase motivado

A la mayoría de los vendedores les cuesta trabajo mantenerse motivados. Para tener éxito en las ventas, mantenerse motivado es lo esencial. El dinero, los galardones, los premios, y otros reconocimientos, son métodos que una compañía usa para animar a los vendedores a vender.

El dinero siempre es un motivador. A todos nos interesan los ingresos adicionales. Comprar artículos para mejorar su estilo de vida, requiere fondos. El reconocimiento también es importante. Muchas compañías ofrecen galardones para reconocer a sus mejores vendedores. Algunas compañías, patrocinan concursos con premios para las personas que vendan más.

Sin importar el método que se use, la auto-motivación es importante para su éxito. Los logros siempre han sido importantes para mí. Me gusta vender. Me gusta la euforia que experimento al cerrar una venta. Sabiendo que he contribuido al ayudar a la gente a tomar la decisión indicada, me da mucha satisfacción.

Mantener la motivación es difícil. Debe enfocarse en el resultado final en todo momento. Por ejemplo, si quiere mantenerse en buena condición física, debe tener una rutina saludable como trotar, levantar pesas, u otra actividad que requiera ejercicio. Alguna gente disfruta hacer ejercicio, mientras que para otra es una pesadez. Para la mayoría, el resultado tiene que satisfacer, para que sigan con entusiasmo. El mismo pensamiento tiene que aplicarse a las ventas. Si los vendedores se van a mantener motivados, necesitan establecer metas.

Estas metas pueden ser a corto o largo plazo; sin embargo, deben poder lograrse. Digamos, que quiere tomar unas vacaciones y su destino queda a dos mil millas. Manejar dos mil millas a la vez, es demasiado. Si establece una meta a corto plazo de cuatrocientas millas manejadas cada día, la distancia total sería factible y la meta realizable. También, durante su viaje de cuatrocientas millas por día, estoy bastante seguro que establecería metas aún más cortas, por ejemplo, pararse para el desayuno, la comida o la cena, más paradas de descanso. Por la misma razón, las metas son una necesidad en las ventas.

Un vendedor puede tener la meta a largo plazo de ganar el Premio del "Representante de Ventas del Año"; sin embargo, tener la meta de ganar este premio, puede parecer demasiado distante. Si el vendedor piensa en una meta a corto plazo, de cierta cantidad de ventas por semana o mes, entonces mantendrá más su enfoque, y el premio de "Representante de Ventas del Año" no estará fuera de su alcance.

¿Suerte o trabajo duro?

"Mientras más duro trabajo, más suerte tengo", es una cita que recuerdo desde el comienzo de mi carrera en ventas. Todavía es cierto.

He escuchado a la gente calificar a otras personas como afortunadas. Es como si describieran a alguien que acaba de ganar la lotería. La gente exitosa suele considerarse afortunada; sin embargo, en la mayoría de los casos simplemente, no es cierto. Las personas exitosas que he conocido todos estos años usualmente cuentan sus historias como llenas de trabajo duro. Acuérdese de que esta supuesta suerte viene en dos formas: buena y mala. No se suele hablar de mala suerte. Yo recomiendo que piense en términos de trabajo duro, en vez de suerte. Por ejemplo, el rendimiento de un atleta exitoso, es el resultado de largos años de trabajo duro. En la industria musical, un éxito "de la noche a la mañana", viene después de años de tocar en pequeños pueblos. Lo que ve es la disciplina, la dedicación, y el sacrificio. Eso es lo que se requiere para terminar un trabajo.

Para tener éxito, debe tener disciplina. Para un patinador art stico, esto significa practicar muchas horas cada día, durante mucho tiempo. El patinador debe estar sobre el hielo a las 5 o 6 de la mañana en vez de dormir tarde. El sacrificio forma parte de todas las historias de éxito. Lo mismo se puede decir para el vendedor exitoso. Debe hacer las cosas que se requieran para tener éxito. El sacrificio personal es una de esas cosas. Para ser ganador en lo que escoja hacer, debe olvidar el término "suerte", reemplazarlo con "trabajo", y tendrá éxito.

Compromiso

Mantenga sus compromisos. Tener una meta, o comprometerse con una, no significa que haya alcanzado esa meta. Si quiere tener éxito, debe ser honesto consigo mismo. Sus metas tienen que estar dentro de sus capacidades.

Nunca se tienda una trampa de fracaso. Si quiere perder veinte libras, es tonto comprometerse a perder veinte libras en una semana. Es más realista darse más tiempo. De esta manera puede alcanzar su meta.

Tiene mejor probabilidad de éxito si establece metas a corto plazo. Establezca metas que mantengan su interés. A fin de cuentas, es el logro de metas a corto plazo lo que hace que las de largo plazo sean posibles. Un vendedor, que se compromete a hacer cierta cantidad de llamadas de ventas cada día, tiene mejor probabilidad de lograr su meta, que un vendedor que promete cierta cantidad de ventas cada semana. Si decide ponerse en contacto con cinco clientes potenciales cada día, manténgase en esa meta. No se conforme con menos. Si resulta que cinco son demasiado, entonces haga un ajuste; pero, acuérdese, una meta puede ser, tanto demasiado pequeña, como demasiado grande. Cuando se trata de vender, en realidad no hay límites - sólo los que se imponga a sí mismo.

Buscando el gancho

Los ganchos son mecanismos para colgar varios artículos, cosas como abrigos y sombreros. Cuando busca una excusa, muchas veces está buscando a alguien, o algo a quien culpar. Está buscando un "gancho". Esto es negativo. Los puntos negativos son obstáculos para el éxito.

Es casi imposible lograr algo si se concentra en el fracaso, entonces ¿Para qué tenderse una trampa? Imagínese que es una tarde con mucho viento en el estadio. Un jugador de béisbol, se dice a sí mismo que será difícil pegarle bien a la pelota, a causa del viento. Sigue concentrándose en el viento. Será difícil pegarle a la pelota lejos con un viento fuerte en su contra. El viento interferirá. Allí está el gancho. Ya tiene una excusa para sí mismo. Será muy difícil para él enfocarse en golpear a la pelota. El viento es su "gancho".

¿Qué sería un "gancho" para una vendedora? Ha estado sentada en su oficina, repasando una lista de clientes potenciales. ¿Debe hacer unas llamadas por teléfono? Después de pocos minutos, decide que sería difícil encontrar a alguien en casa. Es una semana o más, antes de la navidad. Ella supone que todos estarán afuera comprando. Se figura que si incluso están en casa, probablemente han gastado su dinero en regalos. El "gancho" se ha creado. Los días festivos están fuera de consideración para buscar ventas.

Estos sólo son dos ejemplos de excusas, que la gente usa para tenderse la trampa del fracaso. La lista es muy larga. El secreto consiste en crear situaciones positivas. Regresando al beisbolista, el viento, también será una desventaja para los jardineros del otro equipo y para el pitcher. El jugador se debe fijar en el éxito. Lo mismo es cierto para la vendedora.

Debe considerar que durante los días festivos la mayoría de la gente estará de buen ánimo. Y, será más fácil encontrar a alguien en casa, puesto que muchas familias tienen niños que están de vacaciones. Para tener éxito, piense en el éxito. Imagínese el resultado final antes de que pase. El beisbolista debe visualizarse corriendo hacia la primera base después de un hit. La vendedora tiene que verse a sí misma, programando una entrevista y haciendo una venta. La confianza y el éxito van de la mano. La mente es poderosa. Los mejores vendedores aprenden cómo usar este poder para su ventaja.

Resumen

Sección 4: Motivación

- La negatividad es el peor enemigo de los vendedores. Piense positivamente. Crea que tendrá éxito. Si fracasa, inténtelo de nuevo.
- Sea optimista. Busque a la mejor gente y mantenga una actitud positiva.
- Para estar motivado, concéntrese en las metas que haya establecido. Mantenga tanto metas realizables a corto plazo, como a largo plazo.
- La disciplina, la dedicación, y el sacrificio son los atributos de "la suerte". La suerte es el resultado final del trabajo duro, y para tener éxito en las ventas, debe reemplazar la palabra "suerte" por "trabajo".
- Establezca metas realistas y alcanzables. Si lo que quiere, parece demasiado lejano o vago, reforme sus metas para que sean más

pequeñas y a corto plazo. Acuérdese del ejemplo de la pérdida de peso; las metas semanales, son más fáciles de alcanzar que las metas mensuales.

- No se tienda la trampa del fracaso. Visualice el éxito e imagínese en el cuadro.

Examen de auto-ayuda #4

1. La motivación requiere un movimiento hacia delante. Escriba una meta a corto plazo que haya establecido para sí mismo para alcanzar una de sus metas a largo plazo.

2. Imagínese los siguientes tres atributos: optimismo, perseverancia, y conocimiento. Pregúntese cómo puede poseer estos tres atributos tan importantes.

3. ¿Cree que el éxito es un resultado sólo de buena suerte?

4. Alcanzar una meta es como subir una escalera. Suele requerir un paso a la vez. Escriba una meta que tenga a largo plazo que tardará en alcanzar. Pista: Ahorrar para un nuevo auto. (Esta es una de las mías. Use su propia meta.)

SECCIÓN 5

Buscando ventas

*Exigimos que los grandes negocios den a la gente
un trato justo; a cambio, debemos insistir que
cuando alguien involucrado honestamente
en un negocio grande intente hacer
lo indicado reciba un trato justo.*
— Theodore Roosevelt, 1913

Números y sospechosos

Vendiendo se trata sobre el número de visitas realizadas y la calidad de esas visitas. Le llamo "el juego de los números".

Primero, debe encontrar a los "sospechosos". Después, convertirlos en perspectivas. Entonces esperanzadamente, se convertirán en ventas. Una venta no es posible sin una perspectiva.

Dejeme primeramente explicarle a un sospechoso. Un sospechoso es alguien que usted no conoce. Puede (o no) tener una necesidad, un deseo, o la capacidad de pagar por lo que usted está ofreciendo. Los sospechosos son algo básico en el proceso de ventas. Un sospechoso es alguien que se puede convertir en un buen cliente potencial. La gran diferencia entre un sospechoso y un cliente potencial, es que el sospechoso no ha cumplido con los requisitos de los criterios para considerarse cliente potencial. El vendedor no sabe si hay una necesidad o la capacidad de pagar.

Estas son las dos cosas que se requieren para ser un cliente potencial. Sin sospechosos no habrá clientes potenciales. El cliente potencial es el sospechoso que cumplió los requisitos. El resultado es una venta o no. De aquí adelante usted eres responsable.

No es difícil de entender. Si se requieren veinte sospechosos para obtener diez clientes potenciales, y de los diez clientes potenciales, cierra dos ventas, puede calcular su porcentaje de contactos iniciales y cierres a un 10 por ciento. Si quiere más ventas, entonces debe programar más entrevistas. El resultado final es que mientras más entrevistas tenga un vendedor, más ventas tendrá. Para tener éxito en las ventas, debe tener éxito en buscar clientes potenciales.

Las necesidades del cliente potencial se deben considerar primero. Si el vendedor encuentra durante la entrevista inicial, que el sospechoso no tiene necesidad del producto, entonces no tiene sentido perseguir la venta. No intente vender un carro a alguien que no maneja. La necesidad, debe establecerse para tener un cliente potencial verdadero.

Para algunos productos, como carros, seguros, reparación de casas, etc., el sospechoso tiene que cumplir con unos requisitos adicionales. Si el sospechoso tiene menos de la edad legal para celebrar un contrato, la venta no es posible. El sospechoso menor de edad no es un buen cliente potencial si su producto requiere un contrato.

La obligación final que un vendedor tiene hacia sí mismo, es la de acertar si los clientes potenciales pueden pagar. Si la posibilidad de pagar por el producto no es factible, entonces el sospechoso no será un buen cliente potencial. Los individuos pueden tener una necesidad y también cumplir con los requisitos para un producto, sin embargo, si no pueden pagar por el producto, entonces no serán buenos clientes potenciales.

La manera más segura de averiguar si un individuo cumple con los requisitos para ser un cliente potencial, es preguntarle.

Se necesita una corta entrevista, haciendo las preguntas indicadas. Sólo cuando el vendedor tiene un cliente potencial legítimo puede tener lugar todo el proceso de venta entre el comprador y el vendedor.

Cuento de ventas

Un día caliente de verano, después de que habíamos terminado de buscar clientes, un amigo y yo habíamos decidido premiarnos con un tarro frío de cerveza en una cantina local, que no estaba en la mejor parte de la ciudad. Mi amigo paró su carro y apagó el motor. Salí del lado de los pasajeros y cierre la puerta. Al empezar a caminar en dirección a la puerta de la taberna, vi un Doberman que había roto su cadena y ahora venía hacia mí.

Di vuelta para entrar en el carro de nuevo, pero mi amigo ya había cerrado la puerta.

Frenéticamente di golpecitos a la ventana del carro y le pedí que me diera un desarmador que descansaba en la consola. Me hizo el favor. Se ha dicho que en momentos de peligro, extraños pensamientos vuelan en la cabeza de uno. Pensé en lo que podía decir mi obituario, que un perro me mordió. Lentamente levanté el desarmador hasta el nivel de mi hombro, listo para la acción. No pod a creer que esto iba a ser mi fin.

El perro gruñó y empezó a echar espuma por la boca, sus ojos oscuros fijos en m . "Haz lo que quieras", le dije, "pero voy a clavar esto justo en tu cráneo." De mala gana le ofrecí mi brazo izquierdo para que lo magullara.

He escuchado que los animales perciben cosas, especialmente los perros. En vez de atacarme, el perro se sentó, me miró ahora con ojos tiernos y empezó a jadear como un cachorro gigante. El propietario de la taberna no podía creer que su perro de guardia me había dejado en paz, hasta que salió y vio su perro parado con una cadena rota.

Probablemente se está preguntando qué tiene que ver este cuento con las ventas. Es que nunca sabrá con seguridad las intenciones del cliente – aunque esté gruñendo, o sonriendo – hasta que le haga una entrevista.

Necesidad, deseo, y la capacidad de pagar

Hay tres factores esenciales que hay que considerar mientras está vendiendo. Primero, tiene que existir una necesidad por parte del cliente, luego el deseo de comprar, y finalmente la capacidad de pagar.

Los clientes deben tener una necesidad para el producto que está intentando vender. Por ejemplo, pueden encontrarlo necesario en poseer un carro. Sin importar el tamaño de la necesidad, tiene que existir el deseo. En el ejemplo del carro, la necesidad es aparente, pero puede ser que al cliente le falte el deseo de poseer uno. La lista de razones puede ser larga. Puede tener miedo de manejar, o quizá no quiere la responsabilidad de ser dueño, o el costo de mantenimiento puede desanimarlo. Pero digamos que las primeras dos consideraciones están satisfechas en la mente del cliente. Decide que la necesidad existe, y su deseo es lo suficientemente fuerte para superar cualquier desgano de comprar el carro. Sin embargo, la capacidad de pagar el carro todavía es una consideración.

Puede que no tenga las finanzas para hacer los pagos mensuales, o sólo que no tenga el pago inicial requerido.

He usado la venta del carro como ejemplo, pero se pueden aplicar estos tres factores a cualquier venta. El vendedor debe asegurarse que el cliente tome la decisión indicada; si no lo hace, la venta se pierde desde el comienzo, o se cancela en algún momento después. Verificar que un cliente cumple con los requisitos, se logra al hacer una entrevista por parte del representante de ventas.

Métodos para buscar clientes potenciales

Buscar clientes potenciales, es una de las partes de todo el proceso de ventas. Sin ella, las entrevistas de ventas y las presentaciones nunca pasarían. Hay muchos métodos para buscar clientes potenciales. Algunos de los métodos más usados son telemercadeo, visitas de puerta en puerta, y el correo directo.

Telemercadeo

Hay una variedad de compañías que realizan tareas de telemercadeo para los vendedores. Básicamente, funcionan de la misma manera. Emplean individuos que hacen llamadas por teléfono a residencias o negocios, para saber si hay interesados en cierto producto. La razón por la cual los telé vendedores son tan populares, es que hacen la llamada inicial de venta.

La primera llamada establece el contacto, y es usualmente la más difícil para los vendedores. Rompe el hielo. Durante la primera llamada, los telé vendedores recopilan datos. Descubren si el cliente potencial, tiene un interés en el producto y también si el producto es apropiado para el prospecto. Además, los telé vendedores intentan descubrir qué es importante para el cliente potencial.

Cuando terminan, la compañía de telemercadeo envía la información que ha recopilado a su cliente. La información incluye nombres, direcciones, intereses, años en el negocio, y otros datos que los vendedores pueden usar cuando hacen su primer contacto. Dependiendo del tipo de producto que se venda, la función del telé vendedor varía ampliamente.

Algunos telé vendedores sólo pre-verifican los requisitos para la compra de algunos productos, mientras otros, programan citas y básicamente hacen una pre-venta.

Una vez que los vendedores reciben los datos que pidieron el servicio de telemercadeo, es su responsabilidad determinar cómo usar la información. La información suministrada mide el nivel de interés. El vendedor determinará sus prioridades. En ese momento el vendedor ha identificado los contactos buenos, regulares y cuestionables. En otras palabras, a quién debe contactar primero, segundo, etc. Una vez que toma la decisión sobre cuáles pueden estar interesados en el producto, el vendedor empieza a hacer visitas de venta. Los contactos se hacen por teléfono, correo, o en persona.

Durante el primer contacto con el cliente potencial, el vendedor hace una referencia al telé vendedor y relata la información que recibió del telé vendedor. Si se hace de la manera indicada, el telemercadeo es efectivo y económico.

Busca de clientes de puerta en puerta

Ir de puerta en puerta, intentar programar entrevistas de venta, puede provocar escalofríos en la espalda de cualquier vendedor experimentado. Sin embargo, si se hace, tanto con la actitud apropiada, como con el procedimiento apropiado, no inspira nada de miedo.

Puesto que tengo una buena cantidad de años de vender con éxito de puerta en puerta, compartiré con usted primero, lo de la actitud, la cual, creo yo, es lo más importante.

Si toma el rechazo de manera personal, no recomiendo la busca de clientes de puerta en puerta. Obviamente, recibirá muchos rechazos. Después de todo, no tiene cita. Está tomando el riesgo de interrumpir a alguien. Puesto que también está apostando a que el cliente potencial sea receptivo, y a veces verá que no lo es para nada, puede encontrar gente con una actitud desagradable. Por eso, es imperativo que su actitud sea excepcional.

Suena loco, pero he disfrutado la busca de clientes sin previa cita. Es como abrir una caja de Cracker Jack: Nunca sé qué premio habrá adentro; sin embargo, siempre espero que sea bueno. Detrás de cada puerta está un reto. A veces son buenas noticias, y muchas otras son malas. Nunca lo tomo de manera personal. Hago muchas ventas de esta manera. Incluso si no cierro la venta, por lo menos puedo presentarme.

La presentación es la segunda parte. La regla es ésta: Nunca haga una visita sin cita, sin tener algo que poner en la mano del cliente potencial. Este artículo puede ser una tarjeta de presentación o un pequeño regalo. Por ejemplo, una lista de números telefónicos de emergencia, o un pequeño paquete de semillas de flores, funcionan bien. El mejor artículo es su tarjeta de presentación. Con ella, puede afirmar su nombre, compañía, producto, y el resto, depende de la respuesta del cliente. Intentar algo que no sea sólo una cita futura, suele ser inútil.

La busca de clientes de puerta en puerta raramente se hace hoy en día. La mayoría de los hogares necesitan ahora dos ingresos para sobrevivir; por eso, no hay nadie en casa que sea cliente. Además, hay muchas zonas en que la busca de clientes de puerta en puerta puede ser un peligro. Hoy en día, las compañías usualmente mandan el correo directo a sus clientes potenciales, y luego hacen un seguimiento con llamadas por teléfono.

Correo directo

Mandar información por correo, no es sólo popular entre las compañías, sino también se hace en grandes volúmenes. La razón por la cual es popular, es porque es una de las maneras más fáciles de hacer un contacto con un cliente. Es una manera pasiva de vender. Porque no requiere una respuesta inmediata del cliente potencial, es efectiva. Para aumentar la tasa de éxito de los envíos por correo, muchos vendedores hacen un seguimiento, con una llamada por teléfono.

Cuando los vendedores mandan uno de los folletos de su compañía a través del correo, usualmente incluyen una tarjeta de respuesta. Si les interesa a los clientes potenciales, piden información adicional, o lo archivan para consultarlo en el futuro. Muchas veces, se ofrece un servicio gratuito o un regalo. Los envíos pueden ser muy elaborados o muy sencillos. El cómo se presentan tiene mucho que ver con su eficacia.

Para ser muy eficaz, tienen que enviarse más de una vez. Usualmente, tres o cuatro envíos seguidos por una llamada por teléfono, logrará la mejor tasa de éxito. La meta es tener un programa de envíos directos, que eventualmente conduzca a un contacto entre el cliente potencial y el vendedor.

El momento indicado para buscar clientes

Para estar seguro de una posibilidad justa al buscar clientes, necesita escoger la ocasión apropiada. Hay algunos momentos que son más favorables que otros. Escoja estos periodos que tienen más probabilidad de atraer el éxito.

Son aceptables los momentos cuando la mayoría de la gente tiene más probabilidad de estar en su oficina u hogar (dependiendo del producto). Fines de semana, especialmente los domingos, no son aceptables. El domingo es un día en que recibirá una respuesta negativa. Siempre desconté los fines de semana, en general, para intentar buscar clientes o programar entrevistas de ventas. La gente, ve los días de lunes a viernes, como días laborales.

Muchos vendedores, eliminan los lunes para hacer visitas de ventas. Una de las razones es que la mayoría de la gente, tiene un calendario muy ocupado al principio de la semana. Otra razón, es que la mayoría de las ventas crea algo de papeleo, y muchos vendedores prefieren usar los lunes para ponerse al corriente. También es un buen día para planear la semana y hacer listas de posibles visitas, o llamadas de ventas. Un buen vendedor es organizado. Puesto que suele requerir la mayoría de un día para hacerlo, creo que el lunes es una buena opción para la mayoría.

Fuera de escoger el día apropiado, la hora correcta es importante. Escoja una hora en la que esté relativamente seguro de que no está interrumpiendo al cliente potencial. Por ejemplo, la hora de la comida y la cena están prohibidas. Si escoge cualquiera de estos dos periodos para programar entrevistas, será difícil. Estas horas pueden servir para vender, pero definitivamente están prohibidas para buscar clientes potenciales. Puesto que las horas de la comida y la cena, varían de una familia a otra, necesitará dejar una hora extra o más, para acomodar las diferencias. Mucha gente está viendo su programa favorito de la noche. La mayoría de la gente entiende lo que es la hora pico en la televisión. Esto no debe ser un problema para un vendedor. Tenga en cuenta, programas especiales como las elecciones, eventos deportivos mayores, y otras horas importantes. Buscar clientes potenciales, no es la parte más fácil de las ventas; se requiere de buen juicio y mucha consideración para tener éxito.

Calidad contra cantidad de tiempo

La cantidad de tiempo que pasa haciendo algo, no es igual a la manera en que lo hace. Lo importante es, cómo maneja su tiempo.

El tiempo se puede desperdiciar involuntariamente. La mayoría de nosotros, en algún momento u otro, hemos decidido hacer algo pero luego nos distraemos. A la mejor un amigo nos visita, justo cuando usted está empezando un proyecto, así que en vez de, una hora en lo que ha empezado, tarda tres horas en hacerlo. A la mejor se pone a escribir una carta ya retrasada y por causa de las numerosas interrupciones del teléfono, la escritura de la carta tarda cinco veces más del tiempo que debería tardar. Aunque está usando su tiempo, no lo está aprovechando. Por eso, para poder usar lo más que pueda de su tiempo, debe planear con cuidado.

Otro buen ejemplo de distracciones externas, es una radio o una televisión prendidas, mientras lee material difícil. Mientras lee, no presta atención al significado de las palabras. Cuando ha terminado el primer párrafo, tiene que regresar a leerlo de nuevo porque no encuentra el sentido. Estaba viendo palabras, pero perdiendo su mensaje.

Si planea pasar, o pasa, una hora cada día llamando a clientes potenciales, tiene que asegurarse de usar la hora con inteligencia. Antes de que empiece a hacer llamadas, todos los nombres y números de teléfonos deben estar organizados y colocados ante usted. Tiene que estar libre de interrupciones; de lo contrario, el tiempo que ha planeado para buscar clientes potenciales, se reducirá por causa de interferencias externas.

En el negocio de las ventas, es demasiado fácil postergar el comienzo de algo. Sin concentración, el vendedor típico, se encuentra desperdiciando tiempo valioso. Al final del d a, se sorprenderá de no haber pasado nada de tiempo en lograr lo que había decidido hacer. Use su tiempo para que cuente.

Olvídese de cuántas horas han pasado en buscar clientes potenciales y en vender. En vez de eso, asegúrese que el tiempo usado sea tiempo de calidad.

Supermercados

La próxima vez que entre en un supermercado, quiero que piense sobre el elote. Leyó bien: elote. El tendero se gana la vida vendiendo latas de elote (y, por supuesto muchas cosas más).

Ahora, el tendero no permitiría que se acabara

el elote; si lo hiciera, la gente no compraría allí. Para el tendero, el elote es su "cosa indispensable". Sin él (y las otras cosas que atraen los clientes a la tienda) no tendría negocio, es tan seguro como si su tienda se quedara en cenizas por un incendio.

Como vendedor, su "cosa esencial" es su lista de clientes potenciales. Cuando al tendero se le acaba el elote, ya no tiene nada que vender. Cuando tacha el último nombre de su lista, no tiene a nadie a quien vender.

El tendero exitoso siempre tiene el elote listo para sus clientes. Cuando la estantería para el elote está casi vacía, llena los espacios vacíos con nuevas latas.

Su lista de clientes potenciales debe ser como la estantería del tendero: siempre llena, siempre fresca, y siempre actualizada. El tendero no puede vender de una estantería vacía. Usted no puede vender de una lista vacía de clientes potenciales.

Contribuciones

A veces se va sin problemas a una entrevista y se tiene como resultado una venta rápida. Salimos de la entrevista preguntándonos que fue lo que hicimos para que fuera diferente a la entrevista anterior. Prometemos hacer exactamente la misma cosa la próxima vez. ¿Pero de verás hicimos algo diferente?

A veces entrevistamos a un cliente potencial y hacemos todo "según el libro". Contestamos las objeciones, intentamos cerrar el trato, contestamos más objeciones, intentamos cerrar el trato de nuevo, y el cliente potencial no compra. ¿Hicimos algo malo? ¿En qué nos equivocamos?

Quizá no estamos concientes de ello, pero a la mejor la venta más fácil sucedió, porque otro vendedor allanó el camino para nosotros. Ese vendedor puede haber inspirado en el cliente potencial, el humor para comprar. Pero por una razón u otra, el cliente potencial no compró. Luego, cuando nos tocaba a nosotros, la pre-venta que hizo el otro vendedor, hizo que nuestro trabajo fuera más fácil.

Aunque podamos competir por los mismos clientes, nos ayudamos el uno al otro – a veces sin el conocimiento de haberlo hecho. Los estudiantes en medicina (y los doctores) tienen una manera de decirlo: "Verlo, hacerlo, enseñarlo". Aprendemos de nuestros colegas, y al mismo tiempo les enseñamos.

Otra mirada a la búsqueda de clientes

Piense en el buscador de oro lavando con batea, y será evidente cómo los vendedores buscan a los clientes potenciales.

Si usted y yo quisiéramos volvernos ricos en la búsqueda de oro, lo primero que haríamos es encontrar un lugar de alta probabilidad de depósitos de oro. Necesitaríamos hacer algo de investigación, ver una medición geológica, y estudiar la accesibilidad. Una vez que ubicáramos un área donde probablemente descubriéramos el oro, necesitaríamos encontrar una vena.

Buscar clientes potenciales, es muy parecido. El vendedor debe buscar donde la probabilidad de encontrar el éxito sea mayor. Por ejemplo, si está vendiendo vehículos náuticos, es mejor encontrar clientes potenciales cerca del agua. Si vende plantas para el jardín, debe buscar clientes potenciales a finales del invierno.

El asunto más importante, siempre es la necesidad. El cliente potencial debe tener una necesidad para el producto. Igual que el buscador de oro, el vendedor debe buscar siempre clientes potenciales, para seguir teniendo éxito.

Buscar clientes potenciales es un proceso continuo. Se debe hacer con regularidad. Si no los busca, estará fuera del negocio. El mejor sistema, es el que funciona para usted. Hay seminarios de ventas y libros para ayudarle a seguir estando motivado. Puede establecer contactos con personas conocidas en áreas parecidas de ventas y compartir ideas sobre cómo encontrar clientes potenciales. El sistema que use necesita ser compatible con tres cosas: primera, el tiempo que pueda pasar en algo; segunda, el esfuerzo que pueda hacer; tercera, la manera en que mantiene sus registros.

El tiempo que pasa buscando clientes potenciales es tiempo bien utilizado. Sin buscar clientes potenciales, no habría contactos, ni entrevistas, ni ventas. Cómo pasa su tiempo, es importante. El tiempo se puede visualizar de dos formas.

Pasar el tiempo sólo buscando clientes potenciales no es efectivo. Por ejemplo, un vendedor sentado en su mesa durante horas, y horas revolviendo sus tarjetas de información sobre contactos, sin decidir a quién llamar, no es efectivo. Las tarjetas llegan a desgastarse y doblarse por el manejo constante. Imagínese al buscador de oro sentado todo el día, viendo las montañas, tratando de decidir cuál tendrá oro. Pasa el tiempo sentado y desperdicia su tiempo pensando sobre dónde empezar.

Es más eficaz usar su tiempo sabiamente. El buscador de oro selecciona una montaña, escoge un lugar, levanta su pico y pala, y empieza a cavar. El vendedor debe hacer lo mismo. Descuelgue el teléfono y "cave", llame a un cliente potencial. De esta forma, su tiempo se usará de manera más económica. Para muchos vendedores esto es difícil, cuando debe ser sencillo. Decida, cuántas llamadas o visitas de ventas quieren hacer y luego realícelas. Pero acuérdese, el tiempo y el esfuerzo solitos no funcionan, a menos que lleve un registro de su esfuerzo.

Un vendedor exitoso, mantiene un registro del tiempo pasado buscando clientes potenciales. Igual que el buscador de oro que mantiene un registro de dónde ha cavado en busca de oro, el vendedor necesita mantener un registro de los resultados. Al mantener un archivo de fichas de sus clientes potenciales, podrá registrar la hora y la fecha de sus llamadas y visitas. También debe tener un espacio para notas.

Registre el tiempo y la fecha, para que pueda establecer cuándo están disponibles sus clientes potenciales. No hay ninguna razón de llamar cada día a la una, si esa es la hora de la comida. Siempre anote la hora y el día en que ha hecho contacto. Si no contestan o recibe una señal de ocupado, esa no es una llamada de ventas, pero debe ser anotada en la ficha del cliente potencial. Al anotar los comentarios, se logran dos cosas. Una breve declaración, le recuerda sobre la mejor hora para hacer un contacto. También le recuerda lo que se dijo. Por ejemplo, un cliente potencial recomendó a un vendedor que llamara de nuevo en dos meses, pero el vendedor llamó de nuevo en dos semanas. Este tipo de error puede y debe evitarse. Sólo se requiere una breve declaración en la ficha.

El tiempo que pase en la busca de clientes potenciales, es uno de los aspectos más retadores de las ventas. A veces, es tedioso, desanima, y es difícil. Sin embargo si no se hace, no hay ventas. Como con la mayoría de las cosas en la vida, el resultado final, recibir el pago, es algo que muchos de nosotros esperamos. Puedo decir con honestidad que siempre he aprovechado al máximo la busca de clientes potenciales. Usted puede hacerlo también.

Participación del cliente

Es muy importante que no mantenga la mayoría de la plática durante la entrevista de ventas. Dos razones vienen a mi mente. Primero, el vendedor no cobrará conciencia de las necesidades del cliente, y segundo, perderá el interés del cliente. Para tener éxito en cerrar ventas, el cliente necesita poder hablar, y el vendedor necesita escuchar.

La mejor manera que he encontrado de involucrar al cliente en la venta, es la de hacer preguntas y esperar una respuesta. No amontone una pregunta encima de otra. Una pregunta a la vez, puede ser bastante retadora. Muchas veces una sola pregunta inspira una respuesta larga.

Con frecuencia, las respuestas de los clientes revelan objeciones. Sólo al escuchar, podrá responder. Cuando la mayoría de la gente quiere comprar, quiere que la convenzan de su compra. Déle la oportunidad de ser escuchada.

La mayoría de nosotros, cuando escuchamos

un sermón, nos aburrimos o dejamos de prestar atención. Probablemente ha escuchado el término "charlatán" o el que le dicen a alguien que dice pura "palabrería". Requiere la aportación del cliente. El cliente tiene que ser parte de la venta. La única manera en que puede participar, es al expresar sus opiniones, objeciones y preferencias. A menos que pregunte, nunca sabrá lo que los clientes están pensando. Un cliente debe tener su oportunidad para hablar. Por eso, escuche y aprenda. Evite hablar tanto que pierda la venta.

Resumen

Sección 5: Buscando ventas

- Los sospechosos son esenciales para el proceso de ventas. Primero hay que encontrarlos, convertirlos en clientes potenciales y luego, con suerte, se convertirán en compradores. La mejor manera de averiguar si los sospechosos pueden convertirse en clientes potenciales, es preguntar. ¿Tiene esta persona la necesidad, el deseo y la capacidad de pagar por el producto? Si es así, el sospechoso ahora es un cliente potencial, y el proceso de ventas entre el comprador y el vendedor puede suceder.
- Asegúrese que sus clientes potenciales cumplan con los requisitos de compra.
- Buscar clientes potenciales es un proceso continuo. Algunos de los métodos más comunes para buscar clientes potenciales incluyen el telemercadeo, ir de puerta

en puerta, y los envíos directos. Véase el texto de definiciones y ventajas de cada método.

- Escoja el día y el momento indicados para buscar clientes potenciales. Dependiendo del producto que esté vendiendo, ciertas horas del día no son apropiadas. La regla de Tom es: Nunca busque clientes potenciales el fin de semana.

- No tarde en empezar. Organice su lista de clientes potenciales, esté libre de interrupciones, y descuelgue el teléfono. Póngase a trabajar.

- Asegúrese que su lista de clientes potenciales siempre sea fresca y actualizada, igual que la estantería del tendero. No deje que se le acaben los clientes potenciales.

- Los vendedores contribuyen el uno al otro el éxito, incluso sin saber que lo han hecho. A veces una "venta fácil" se puede atribuir a los esfuerzos de venta de otro vendedor, a veces la presentación de usted hará que la venta sea más fácil para el siguiente vendedor.

- El tiempo que pase en la busca de clientes potenciales es tiempo bien empleado. Si no busca clientes potenciales, pronto estará fuera del negocio. Mantenga registros de sus esfuerzos de búsqueda de clientes. Es tedioso, desanima, y es difícil; pero sin la búsqueda de clientes potenciales, no hay ventas.

- No dé sermones a sus clientes. Deje que participen en la presentación de ventas al hacer preguntas, expresar opiniones, y decirle sus preferencias. Escuche y aprenda de sus clientes. Si no lo hace, puede que hable tanto, que pierda la venta.

Examen de auto-ayuda #5

1. En un párrafo, describa un sospechoso, un cliente potencial, y al final, una venta.

2. Piense sobre la sección que usa un ejemplo del buscador de oro (titulado "Otra mirada a la búsqueda de clientes") e invente su propio ejemplo de un producto o servicio en particular. Pista: Véase #4.

3. Identifique las tres características que alguien debe tener para convertirse en cliente potencial
   1. _____
   2. _____
   3. _____

4. ¿Dónde están los mejores lugares para buscar clientes potenciales para lo siguiente?:
   Ventas de barcos _____
   Petróleo _____
   Oro _____
   Ventas de seguro de vida o de salud _____

SECCIÓN 6

Ventas: El proceso– Preocupaciones del comprador

Nadie tiene un comando más fino del lenguaje que la persona que mantiene su boca cerrada.
— Sam Rayburn, 1978

Prestar atención

Ser bueno para escuchar no es fácil. Como la mayoría de la gente, yo estoy en esa categoría. Oír algo que están diciendo, y de veras escucharlo, son dos cosas distintas. Por ejemplo, puedes oír sonidos que vienen de su televisión pero estar completamente inconsciente del mensaje. Por otro lado, si estás escuchando con cuidado, tiene mejor probabilidad de entender.

Un vendedor que escucha a los clientes, tiene una probabilidad mucho mayor de cerrar una venta, que uno que habla la mayoría del tiempo.

Si no presta atención a lo que le dicen los clientes, no tendrá idea de las preguntas que tienen, o las respuestas que necesitan.

Suena sencillo: escuche y aprenda. Aunque suene sencillo, el no escuchar y el hablar demasiadamente son defectos comunes entre vendedores. Tienen la predisposición de hablar la mayoría del tiempo, porque quieren que el cliente tenga la confianza de que saben de lo que hablan. Esto tiene algo de sentido; sin embargo, los vendedores, nunca estarán completamente concientes de lo que su cliente necesita hasta que lo escuchen.

Para ser un buen oyente, tiene que concentrarse. Debe escuchar de la misma manera que piense. Concéntrese en un pensamiento a la vez, o escuche cada palabra, para que toda la conversación tenga sentido. Esto requiere práctica. El escuchar no siempre es fácil. Hay el miedo de que puedas olvidar una parte importante de la venta. Esto se puede corregir, al tomar unas pocas de notas durante la presentación de la venta.

¿Quién toma las decisiones?

¿Cómo averigua quién tiene el poder adquisitivo? Debes preguntar. Si está vendiendo a una asociación comercial, o a una asociación matrimonial, es esencial saber quién toma la decisión de la compra. A veces es un solo individuo, y otras veces puede ser una combinación de personas. La única manera en que lo sabrá, es preguntando a su cliente a quién se debe incluir en la presentación de venta. Otra manera, sería sugerir que cualquier y toda parte que sea afectada por la compra, debe ser incluida.

Si a un individuo se le excluye del proceso de ventas, y esa persona es la que toma la decisión final, la venta normalmente se pierde. En el mejor de los casos, el vendedor tiene que hacer la presentación de nuevo. Esto no es muy ventajoso.

Cuando a una de las personas que toma decisiones se le deja afuera, hay una resistencia adicional a la venta. Un buen vendedor encontrará maneras de eliminar reuniones desperdiciadas. A veces es imposible incluir a todos; sin embargo, es imperativo incluir a las personas que toman decisiones.

Si, por cualquier razón, se ha pasado por alto a una persona que toma decisiones, descubra el por qué. Si no está disponible, retrase la entrevista hasta que se pueda incluir a esa persona, o hasta que el cliente le asegure que todas las partes interesadas están presentes. Es imposible cerrar una venta si hay un objetor escondido que tiene la última palabra sobre la venta.

Cuento de ventas

Cuando por fin saqué este libro al mercado, mi publicista y yo estábamos emocionados. Les dijimos a todos de él. Correos electrónicos, cartas, y tarjetas postales volaban por todas partes. Mi publicista me consiguió participaciones en programas de conversación tanto en la televisión como en la radio. Se enviaron copias complementarias a numerosos negocios grandes y pequeños. El negocio de la venta de libros tiene muchos altibajos, así que siempre estábamos contentos cuando pasábamos por los altos.

Un día mi publicista recibió una llamada por teléfono de una compañía importante de seguros de vida. Un director regional estaba interesado, diciendo que le encantó el libro. Le dijo a ella que era fácil de leer y que los principios de venta estaban justo en el blanco. Quería usar Ventas Sencillas para capacitar a sus agentes. Estaban usando el libro *Piense y hágase rico (Think and Grow Rich)* de Napoleon Hill. Me sentí como si estuviera en una nube al escuchar las noticias.

Aunque soy un optimista hasta las entrañas, también he recibido suficientes golpes cuando se trata del juego de las ventas. Para mí, era todo un honor que compararan mi libro con *Piense y hágase rico*. Pero también sabía, que ese libro ya era anticuado. Cuando se escribió originalmente, la mayoría de las mujeres ni siquiera estaban en el mundo de los negocios. El libro también es degradante para la gente de color. En defensa del libro, hay que recordar que fue escrito en 1920, pero aún así...

Este director regional también le dijo a mi publicista que estaba programada para dentro de pocas semanas, una reunión en la oficina de Chicago entre la alta administración y algunos VIPs de fuera del estado. Él ten a confianza en que la compañía iba a estar contemplando una compra de 5,000 copias por año, para la oficina de Chicago solamente.

Cuando supe de esta reunión, le dije a mi publicista que le llamara de nuevo, para sugerirle que yo asistiera a la parte de la reunión en que iban a discutir sobre *Ventas Sencillas*. Quería poderles contestar cualquier pregunta que surgiera. Mi experiencia me decía, que tenía la mejor oportunidad de cerrar el trato, si hiciera una entrevista con todos al mismo tiempo.

Mi publicista trató de convencer al director de mi sugerencia, pero le aseguró que no me necesitaba en su conferencia. Por lo que a él se refería, ya era un hecho lo de la compra de *Ventas Sencillas*, un trato hecho. Incluso él y mi publicista, se habían puesto de acuerdo en un precio descontado por copia.

Pues, no sólo no se realizó la venta, sino que el testarudo del director también se negó a admitir su error de no hacer caso a lo que comparto con mis lectores en la sección titulada, "Quién toma las decisiones". De hecho, se escondió, probablemente demasiado avergonzado para encararse a mi publicista o a mí. Quizá "testarudo" es un calificativo demasiado fuerte. Dec dalo usted.

Mantenerse enfocado

Una vez que decida lo que el cliente necesita, manténgase enfocado. De vez en cuando, los clientes le harán preguntas para encontrar el mejor precio o la mejor calidad. Por eso es tan importante escuchar bien.

Escuche con cuidado durante su conversación, los clientes le dejarán saber exactamente lo que quieren. Si presta mucha atención, también le dejarán saber cuánto dinero quieren gastar. Es inútil intentar venderle algo a alguien que no está dispuesto a pagar.

Cuando la escala de precios se haya decidido, haga negocio dentro de esos límites. De lo contrario, usualmente pierden la venta. En general, los compradores saben lo que quieren. Tienen requisitos básicos que tienen que cumplir. La ventaja es uno de ellos. Aunque el precio es importante, hay otras cosas que deben considerar como la calidad y la cantidad. Es importante saber cuando está vendiendo demasiado poco, o en exceso. De nuevo, sólo puedes saber esto, al discutir sus necesidades. Sus preferencias son importantes.

Si los individuos están decididos sobre cierto color, entonces sería un pobre servicio para ellos, intentar cambiarle sus ideas. ¿Para qué tratar de cambiarle las ideas de un cliente? Es mucho más justo tratar de cumplir con sus requisitos. Cuando conoce a su cliente y a su producto, es fácil seguir en el buen camino.

Los camaleones saben cuando cambiar

Los camaleones cambian de color para protegerse. Lo logran instantáneamente por un estímulo interno o externo. El cambio también es una destreza que los vendedores necesitan. Primero, complazca al cliente. Luego, mantenga el control de la venta. Los vendedores atentos saben cuando el cliente está cambiando la dirección de la venta.

Los mejores vendedores, pueden quedar sincronizados con las necesidades del cliente. Se dan cuenta de la importancia de ser entendidos por el cliente potencial. No siempre es fácil. Muchas ventas se pierden por la falta de atención del vendedor. Un cliente potencial debe entender su presentación. Las preguntas y las objeciones tienen que ser reconocidas y cubiertas.

Considere al cliente que acaba de entrar en el departamento de la tienda local. Camina hasta las estanterías llenas de varios colores y estilos de sombreros. El vendedor pasea junto a ella y le pregunta si puede ayudarle. La mujer responde, "No, sólo estoy mirando." El vendedor, en ese momento, tiene dos opciones evidentes. Una es seguir a su lado mientras mira, y la otra es decirle, "Si necesita ayuda, voy a estar allí". Lo más probable es que usted se queda, ella no lo hará. A nadie le gusta que le presionen. En un momento así, no sabe si la mujer está ahí para comprar o para mirar. Ella mira hacia la dirección dónde usted había decidido ir. Otra vez las decisiones están allí para el vendedor. Puede quedarse en su lugar, o puede acercarse al cliente para ayudarle.

La mujer tiene en la mano un sombrero rojo. Le pregunta al vendedor si tiene el mismo sombrero, pero en azul. Ahora, el vendedor necesita tomar unas decisiones. Por ejemplo, ¿quiere estar segura que el sombrero rojo le queda bien, o quiere de hecho comprar el azul? La mayoría de los compradores son como nosotros. Buscan la aportación de otras personas. A veces quieren escuchar otra opinión. Usted le pregunta a ella si le gusta el estilo del sombrero o, si quiere igualar el color de otra prenda. En ese momento parece prenderse un foco en su cabeza. "El rojo será perfecto. Combinará con lo que planeo ponerme este fin de semana. Me lo llevaré," dice ella.

Cuando una venta es fácil, usualmente es porque la interacción entre el comprador y el vendedor es armoniosa.

Es la obligación del vendedor asegurarse que exista armonía. El cambio en una presentación de ventas debe ser originado por el vendedor. Entender y satisfacer el cliente requiere una aptitud fina para escuchar. El vendedor debe estar sintonizado con el cliente potencial. Sea como el camaleón: sepa cuando cambiar. Con frecuencia, el vendedor debe escuchar en vez de hablar. Un vendedor superior busca señales de los clientes. Escuche y busque las indicaciones. Muchas veces los clientes le dirigirán. Éste no es ningún secreto psicológico profundo. Es sentido común y cuestión de prestar atención.

Perseguir los arcoiris

Seguir tratando de venderle a alguien que no tiene ninguna intención de comprar no tiene sentido. La mayoría de la gente, en algún momento u otro, comprará algo. Sin embargo, esto no significa que le comprará a usted. Como dice el refrán, "Uno tiene que saber cuándo bajar de un caballo muerto". Los individuos hacen compras por razones distintas. Creo que estas razones tienen mucho que ver con su humor o el momento.

Con respecto al humor, puede tener antojo de helado un día y al siguiente, será en lo que menos esté pensando. Es como tomar un paseo, ir al cine, ver la televisión, o hacer una actividad: tiene que estar de humor. Lo mismo es cierto cuando se trata de comprar algo. Un minuto siente que tiene que tener algo, pero al siguiente, no le interesará tenerlo para nada. Muchos tratos se han perdido con la declaración, "Regresaré después."

Puesto que el humor afecta a los compradores, uno podría decir que el momento lo hace también. Usando el ejemplo de dar un paseo, usted puede estar de humor para hacerlo, pero debido al mal tiempo, no es el momento indicado. Lo mismo puede pasar cuando se trata de ir al cine. Le gustaría ver una película que acaban de estrenar, pero no tendrá dinero hasta la próxima semana. Es cuestión del momento.

Estoy seguro de que hay numerosas razones por las cuales la gente compra. Estar de humor y en el momento indicado para comprar son dos cosas importantes que un vendedor debe considerar. No se nos olvide otra razón, "usted." Estoy seguro que ha escuchado el comentario, "Hay algo que no me cae bien de él." Si lee el capítulo sobre "De cinco a siete no," y todavía no puedes conseguir la venta, quizás debe dejar de perseguir ese arcoiris particular.

Seguir el buen camino

Durante la entrevista de la venta, asegúrese de hacer una pregunta a la vez. Es un error vagar de una pregunta a otra. Confundirá el cliente. Un cliente hace preguntas porque no entiende. Las preguntas siempre se deben contestar a la satisfacción del cliente. Puede necesitar usar varios ejemplos. Siempre siento que los clientes entienden bien la información si me la pueden explicar.

Cuando responda a las preguntas, preste mucha atención al cliente. ¿Parece entender lo que usted está diciendo? Si es necesario, divida la pregunta en partes más pequeñas, guíe el cliente por cada sección y respóndele un paso a la vez. Si cree que el cliente no entiende, haga preguntas de manera diferente sobre el mismo tema. Su cliente entiende la presentación cuando puede "devolvérsela."

Después de todo, se trata de descubrir y responder a las preocupaciones del cliente.

Si el cliente tiene muchas preguntas, escríbalas en una hoja. Luego, respóndalas una por una, hasta que el cliente esté satisfecho. Para cerrar una venta, todas las objeciones tienen que resolverse. Otra posibilidad, es decirle al cliente que le responderá a sus preguntas después de la presentación de venta. Sin importar la manera en que decida enfrentarse al asunto de responderle a las preguntas, llegue a un acuerdo, antes de que empiece la entrevista. El cliente, debe estar involucrado en todo el proceso de la venta, para asegurar el éxito.

Resumen

Sección 6: Ventas: El proceso— Preocupaciones del cliente

- Escuche a su cliente y entienda cuáles son sus preocupaciones. La única manera de lograrlo es escuchar con cuidado y tomar notas si tiene que hacerlo.

- Antes de que haga su presentación de ventas, asegúrese que sepas quién tiene la autoridad de tomar las decisiones de compra. Incluya a esa persona en su presentación.

- Enfóquese en las necesidades del cliente. Si presta atención a sus preocupaciones, sabrá lo que está dispuesto a comprar. Haga negocio dentro de esos límites.

- Mantenga el control de la venta. Sepa cuándo mantener su distancia y cuándo dejar que el cliente decida. El sentido común y la destreza social le dirán cuándo es necesaria su aportación.

- A veces sucede que el cliente no le comprará. Puede ser un choque de personalidades, o el momento equivocado en su ciclo de pago, o su humor.

- Responda a las preocupaciones del cliente a su satisfacción completa. Pídale que "se lo devuelva" para estar seguro que haya entendido la presentación.

Examen de auto-ayuda #6

1. ¿Dónde puede aprender las disciplinas de la venta?

    A. En la escuela

    B. De un libro como éste

    C. Cree que tiene talento natural

    D. Al hacerlo

    E. Ninguna de las opciones mencionadas

    F. Todas de las opciones mencionadas

2. Imagínese que eres un vendedor. ¿Quién es más inteligente al comienzo de una entrevista de ventas, usted o la persona a quien le vende? (Lo siento, no le daré ninguna pista)

3. ¿Cree que los clientes necesitan saber todo sobre un producto o servicio que se vende antes de cerrar la venta? ¿Por qué? ¿Por qué no?

4. Explique la diferencia entre oír y escuchar, usando la televisión como ejemplo. (No será bueno para cerrar ventas si no sabe esta respuesta.)

SECCIÓN 7

Ventas: El proceso– Preocupaciones del vendedor

Es mejor no cambiar de caballo mientras se cruza el río.
— Abraham Lincoln, 9 de Junio, 1864

El don del habla

¿Por qué mucha gente cree que los vendedores exitosos tienen "el don del habla?" ¿O es pura paja? Lo alarmante es que unos pocos vendedores creen que esto es cierto. Siempre le suena de maravilla a un vendedor que alguien diga que podría venderle un refrigerado a un esquimal. Es como si tener mucho labio fuera un honor o por lo menos una "herramienta" de la profesión. Aquí está el desacuerdo, tiendo a pensar en las ventas como una destreza que se aprende. Lo que más se necesita para vender con éxito, es conocimiento.

Primero, el vendedor debe tener conocimiento sobre el producto. Para venderle algo a alguien, debe conocer lo que está vendiendo. Esta es una de las tareas más fáciles que un vendedor puede resolver. Todo lo que se necesita es esforzarse para aprender sobre todos los aspectos del producto. Esto no es pedir demasiado.

Luego, el vendedor debe concentrarse en las necesidades del cliente en vez de las suyas propias. Para mí es decepcionante observar a un vendedor calculando su comisión antes de la venta. Es demasiado egocéntrico. Si hay una regla, debe ser esta: satisfaga las necesidades del cliente y seguirán las comisiones.

Finalmente, para que se dé perfecta cuenta

de lo que digo, un vendedor debe saber cuándo dejar de hablar. Para los vendedores a veces es un problema sin solución, no pueden callarse para vender, y no pueden vender si no se callan. Escuchar, es una de las cosas más difíciles de aprender. Por eso tenemos dos orejas pero sólo una boca. Escuche dos veces más de lo que habla. La mayoría de la gente, tiene que aprender a escuchar. Requiere paciencia.

Piense primero, venda al último

Antes de que realice una presentación de ventas, asegúrese que este preparado. Cubra todos sus ángulos. Es útil intercambiar ideas con los colegas. Siempre se aprecian los buenos consejos de ventas; sin embargo, es como volar un avión sin copiloto, usted está sólo. Antes de visitar a su cliente, pase algo de tiempo preparándose, de preferencia, solo.

Una vez que esté solo, asegúrese de tener todo lo necesario para la entrevista de ventas. Muchas veces, se olvidan los artículos sencillos: cosas como lapiceros, papeles, calculadoras, tarjetas de presentación, información de venta, folletos, y aplicaciones. He escuchado sobre entrevistas de ventas en las que el vendedor, incluso olvidó dónde tenía que reunirse con su cliente. Necesita estar solo para prepararse.

Cuando esté solo, tendrá el tiempo necesario para visualizar la entrevista de venta desde el comienzo hasta fin. Piense en las preguntas generales que surgen, durante una presentación. Repase todas las fechas, los nombres, y las referencias posibles involucradas. Asegúrese que sus materiales de venta estén actualizados. Todos los pilotos revisan una lista pre-vuelo. Lo mismo pasa con los vendedores alertas. Si no tiene una lista escrita, por lo menos debe tener una en su mente.

¡Llegue a tiempo! ¡Esté preparado! Si un vendedor no conoce su producto, si no está preparado para el cliente, o si no está en su mejor forma, más vale que no llegue.

No venda lo que no tiene

¿Nunca le ha pasado que un vendedor le vende algo pero luego descubre que no hay existencias? El cliente está decepcionado, y lo más probable es que el vendedor haya perdido la venta.

Asegúrese de saber lo que quiere el cliente. Cuando está buscando un coche, tiene en mente ciertos accesorios y características. Por ejemplo, quiere cuatro puertas en vez de dos, o aire acondicionado, o seis cilindros en vez de ocho, o cierto color, y así sucesivamente. El vendedor debe averiguar en la primera entrevista cuáles son las opciones que quiere un cliente que no son negociables.

Una vez que un vendedor está conciente de lo que desea el cliente, debe tratar de cumplir sus expectativas. Es un gran error "vender" al cliente un producto que ya no está disponible. Por ejemplo, usted ha decidido comprar un traje nuevo. Después de encontrar un traje que le gusta, el vendedor sugiere una camisa azul para coordinarlo todo. Sin embargo, después de revisar las existencias, el vendedor descubre que no tienen su talla. Sugiere una camisa de otro color. ¿La compra? Probablemente no, porque ya le convenció que la camisa azul, era la mejor opción para el traje original. Hay que revisar las existencias, antes de ofrecer algo en venta.

Cuando venda, es eficaz ofrecer opciones o selecciones ya que estás incluyendo al cliente. Muchas veces, he encontrado vendedores que me han vendido algo a través de mucha insistencia, pero luego tienen que disculparse por que ya no hay existencias. Usualmente tratan "de no vender" el producto, o vender una segunda opción. Sin embargo, una vez que se ha cometido el error, casi siempre significa la pérdida de la venta. As que, tenga cuidado cuando dice, "Tengo justo lo que necesita".

El carnicero

Una vez leí un artículo sobre cómo funcionan las carnicerías. Describía cómo se debe pesar la hamburguesa en las básculas de los carniceros. Por ejemplo, si el cliente pide dos libras de carne molida, es mejor subestimar la cantidad de carne, antes de colocarla en la báscula, en vez de sobrestimarla. La razón es que los compradores, prefieren ver que se agrega carne a su compra, en vez de quitarla. Durante la transacción, si la gente siente que está perdiendo en vez de ganando, se siente desairada. Es la naturaleza humana.

La misma analogía tiene validez cuando se

trata de las ventas. Si el vendedor ofrece algo al comprador, pero no puede entregarlo, entonces el cliente se siente decepcionado, incluso si el artículo o característica se incluía en el costo. Es por eso, que los mejores vendedores, no sólo investigan el precio de su producto, sino también su disponibilidad. Muchas veces, los productos cambian de característica y opciones. Siempre es mejor conocer bien el producto que vende. Las presentaciones de venta, no deben ilustrar artículos ya descontinuados. Los vendedores deben estar concientes de lo que está disponible para los clientes. Las ventas se pierden por discrepancias menores.

Acuérdese, los compradores están buscando obtener más por su dinero, no menos. Los vendedores exitosos proponen lo que está disponible. Una vez que "se vende" una opción como parte del producto y luego se descubre que se ha descontinuado, se vuelve muy difícil convencer al cliente que está consiguiendo una buena compra. Siente que está perdiendo algo de la "carne molida" que ya había comprado.

Presionar demasiado

No es bueno presionar demasiado. Pero sea enérgico. La mayoría de la gente tiene una idea de lo que quiere comprar. También saben cómo quieren ser tratado.

Creo que una entrevista de ventas se puede comparar con un cómico contando un cuento chistoso. Puede repetirse demasiado. Asegúrese de cubrir todos los puntos de venta que cree son importantes para explicar el producto detalladamente. También, responda todas las preguntas que tiene el cliente. Una vez que haya hecho eso, la decisión de la compra es cosa del cliente. Si ha explicado el producto minuciosamente y el cliente entiende claramente, ya se ha terminado la entrevista. No toda entrevista se convierte en una venta de inmediato.

Muchas veces, los clientes necesitan tiempo para pensar. Quieren estar solos para poder repasar la información que recibieron durante la presentación de ventas. Una vez que están convencidos de que pueden usar y pagar el artículo que se les presento, tomarán una decisión. Lo único que falta decidir, es saber si usted es el vendedor al que le quieren comprar.

Necesitarán tiempo para tomar esa decisión. Si el vendedor sigue repitiendo lo mismo una y otra vez, los clientes empezarán a sentirse presionados. Si los clientes empiezan a creer que la comisión del vendedor es más importante que sus necesidades, se perderán ventas. Sin embargo, si los compradores están convencidos de la honestidad del vendedor, y su necesidad se establece, entonces es probable que se realice una venta, si es el momento indicado.

Sea paciente

Las ventas requieren tiempo. La mayoría de las ventas no se realizan allí mismas. Durante una venta se desarrolla una relación entre el comprador y el vendedor. Mientras más caro sea un producto, más tiempo se requiere para realizar la venta. El proceso siempre es el mismo: la necesidad y la capacidad de comprar. Sin embargo, mientras más grande sea la inversión, más quieren saber los compradores. Quieren menos posibilidad de una equivocación en su juicio. Con razón, se arriesgan menos.

Hay menos error al comprar un boleto de lotería de un dólar, que al comprar mil dólares de acciones. La gente necesita tiempo para pensar en una compra. Los vendedores necesitan tiempo para aprender a darles ese tiempo.

Una vez que haya dado al cliente la información sobre el producto y haya contestado todas sus preguntas, entonces es hora de esperar su decisión. Si presiona, muchas veces perderá la venta. ¿Para qué tener prisa?

La mayoría de la gente puede percibir cuando un vendedor se vuelve ansioso. Empiezan a dudar del producto. Empiezan a preguntarse por qué el vendedor les está presionando. El cliente empieza a sentir que la preocupación del vendedor es el dinero. Cuando esto pasa, usualmente se pierde la venta.

Si mantiene una buena lista de los compradores potenciales a la mano, no hay necesidad de perder una venta por una presión excesiva. Deje que la venta se desarrolle. Deje que el cliente se sienta cómodo.

Escoja uno

Primero, averigüe lo que el cliente requiere. Luego, escoja lo que requiere. Finalmente, quédese con esa opción. Muchas veces el vendedor está intentando vender sus propias opciones, en vez de conformar las necesidades del cliente. Conozca a sus clientes al hacer muchas preguntas. Espere las respuestas. Si hace esto, tendrá bastante buena idea de los deseos del cliente.

Cuando esté seguro que todos los requisitos del cliente se hayan cumplido y esté satisfecho de que él esté conciente de todas las opciones del producto, es hora de enfocarse en el producto para que cumpla con todo el criterio del cliente. Una vez que el cliente decida sobre una opción, ¡Quédese con ella!

Se han perdido ventas por un vendedor inconstante. Los individuos quieren estar seguros que están haciendo lo indicado. A veces, los clientes parecen distraerse y no prestar atención a la decisión de la compra. Puede que lo hagan para probar la integridad del vendedor. Otras veces, dudan al convencerse que están tomando la decisión indicada.

Un vendedor que se mantiene firme y no se deja ver lo blando tiene mucha más probabilidad de cerrar la venta.

La guía, o regla, para todos los vendedores, es tener confianza en cuestión de la realización de la venta una vez que se haya acordado sobre la mejor opción. Hacer lo contrario usualmente significará una venta perdida.

Cobrar

¿Cuál es la mejor manera de solicitar un pago? P dalo. Muchos vendedores nunca finalizan una venta porque son demasiado tímidos para pedir el pago.

Cuando estaba vendiendo de puerta en puerta, siempre daba opciones a los clientes. Podían pagarme con efectivo o con cheque, pero la opción siempre era el recibir el pago. Me acuerdo de cuando tenía que capacitar vendedores. La opción no siempre era pagar. A veces el aprendiz daba la opción de pagar en el momento o después. Desafortunadamente, a veces el "después" nunca llegaba.

No hay por qué no pedir a los clientes que paguen por un producto. Lo esperan. A fin de cuentas, están comprando algo. Así funciona nuestra economía.

Cuando no solicita a los clientes el pago, puede darles la impresión de que no vale el precio. Después de todo, todos están dispuestos a pagar por una ganga.

Un vendedor profesional nunca solicita el pago hasta que todas las preguntas se hayan contestado a la satisfacción del cliente. El cliente, debe entender exactamente lo que está comprando. Algo menos que eso, es un negocio muy cuestionable.

No vendido

Una venta no se ha consumado hasta que todas las partes involucradas hayan acordado y estén vinculadas por alguna consideración. En la mayoría de los casos, la consideración es el dinero. Hacer que alguien firme la "l nea de abajo" no siempre constituye una venta.

He escuchado a muchos vendedores decir, "Puedo contar con esta venta," sólo para descubrir después que, por alguna razón u otra, se perdió la venta. En muchos casos, el comprador ten a preguntas no respondidas o no ten a suficiente dinero.

Si las preocupaciones del cliente se dejan sin atender, la venta va hacia el fracaso. Sólo por sentir que el trato ya está hecho, no haga que sea así. Una vez que el comprador esté solo, tiene mucho tiempo para reconsiderar lo que tuvo lugar en la presentación. Pensará de nuevo sobre lo que se dijo. Necesita tener la seguridad de que tomó la decisión indicada. Diga al cliente, que usted está conciente de que las dudas pueden surgir después. Explíquele al cliente que las preguntas aparecerán una vez que salga; sin embargo, aconséjele que las escriba.

Muchas veces, una venta no se realizará hasta que hayan pasado varias entrevistas con el comprador. Mientras más complicado y más caro sea un producto, se involucrara más tiempo para realizar la venta, así que tenga cuidado de "vender la piel del oso antes de haberlo matado".

Cuentos de pesca

"Todos los pescadores son mentirosos". A fin de cuentas, qué importan unos pocos kilos o centímetros agregados al pez, cuando está en juego contar una buena historia. En la mayoría de los casos, no hay daño. Pero por otro lado, mentir sobre un producto, es asunto de otro costal.

Exagerar o tergiversar la verdad en las ventas, daña tanto al comprador como al vendedor. Daña a los clientes porque puede que no reciban lo que esperaban. Las mentiras son desastrosas para los vendedores; echan a perder las reputaciones. La palabra del vendedor la establece como un profesional. Una buena reputación le seguirá, pero una mala, lo hará también.

Venda el producto para lo que es. Ofrézcalo sobre sus propios méritos. No agregue nada. La gente entiende que la ganancia se incluye en el precio. El público entiende que, en general, lo que recibe uno corresponde a lo que se paga. Si miente, lo descubrirán. El consumidor de hoy en día, tiene más conocimiento. Los medios y el Internet nos han convertido en consumidores más informados, con más conocimiento. Para un vendedor honesto, eso hace que la venta sea más fácil.

Miedo al rechazo

En algún momento u otro, la mayoría de los vendedores temen al rechazo. La palabra "no" tiene un efecto poderoso. Es una palabra que inspira terror en la mente del vendedor. El rechazo, es lo que hace que incluso los mejores vendedores pierdan confianza.

¿Se acuerda de cuando quería pedir a alguien que bailara consigo en un baile de la escuela y no lo hizo por temor? O sí lo hizo y la respuesta fue "no". Le sacaron el aire. Además, sabía que todo el mundo allí en el baile estaba viendo y escuchando cuando le rechazaron. Admitámoslo: el rechazo causa que ciertas emociones surjan a la superficie. La autoestima de uno está en juego. Relájese. El rechazo no necesita ser la misma experiencia en las ventas.

Puede ser difícil, pero siempre tenga en cuenta que no le están rechazando; es al producto o al concepto. Por ejemplo, al cliente pueden no gustarle varias cosas del producto como el color, el estilo, la forma o las condiciones, para mencionar algunos pocos. Y, no se nos olvide, el precio. No salte a las conclusiones. Hay varias cosas, a las que se puede culpar por la pérdida de la venta. Para tener éxito tiene que vencer al pánico que el rechazo trae consigo, aunque es saludable estar un poco nervioso.

Una de las mejores maneras para evitar que le rompan el ego es echar un paso hacia atrás. Eche un buen vistazo a lo que está pasando entre el comprador y usted mismo. Es el producto lo que se está juzgando, no a usted.

Los vendedores tienden a pensar que el producto se está vendiendo por causa de ellos, en vez de a través de ellos. Algunos vendedores pocas veces piensan en el hecho de que el comprador puede, o no, tener una necesidad, o la capacidad de comprar su producto. Tenga esto en cuenta. El vendedor nunca es más significativo que el producto. El vendedor exitoso tiene como tarea principal la presentación del producto.

El cierre

Ya ha leído sobre muchas de las destrezas que harán que su carrera de ventas sea un éxito. A través de todos estos capítulos, he discutido muchos elementos de un cierre exitoso. El cierre es exactamente lo que dice—el final del proceso de ventas – cuando la venta se finaliza.

El proceso de ventas es similar a un ensayo; se hace mucho esfuerzo antes de la representación. Cuando alzan la cortina, sólo tiene una oportunidad de tener éxito. Es igual con un cierre de ventas. Sólo recibe una oportunidad, así que use cada gramo de su conocimiento y experiencia.

Asegúrese de explicar con destreza su producto, responda todas las preguntas y preocupaciones, quede en el pago, y sepa cuándo dejar de vender. Hay muchas maneras de preguntar si ya cerró el trato. Puedes decir: "¿Qué piensa? ¿Cómo suena esto? ¿Tienes más preguntas? ¿Pagará en efectivo, con cheque, o a crédito?" Una vez que obtenga una respuesta positiva, termine su papeleo. Despídase.

Cerrar una venta es tan importante, que algunas organizaciones emplean individuos para "concluir" (o cerrar) una venta. Por ejemplo, después de que el representante de ventas cierra el "trato" con usted de un auto, le enviarán a otra oficina para realizar el papeleo. Aqu es donde se habla del pago.

Aunque algunas compañías tienen el lujo de tener un departamento especial o un individuo para hacer los cierres, la mayoría de las ventas son concluidas por la misma persona que busca clientes y hace entrevistas. Por eso, debe saber cerrar las ventas.

Hay muchos métodos que se pueden usar

para cerrar una venta, y para los vendedores experimentados, el fin del proceso de ventas es de naturaleza arraigada. Si usted es un experto para cerrar, lo que sigue será un repaso, pero si apenas está aprendiendo, lea la siguiente sección con cuidado. Puede conocer por otros nombres estas distintas maneras de cerrar la venta. Pero, para parafrasear a Shakespeare, una rosa es una rosa...

Maneras de cerrar una venta:

1) **El cierre por suposición:** Se ha hablado de todas las objeciones del cliente, pero no ha escuchado nada firme como "¡Lo compraré!". Usted pregunta, "¿Pagará en efectivo, con cheque o a crédito?". Su pregunta supone que el cliente quiere su producto, y que contestará con una respuesta que cierre la venta.

2) **El cierre de "si / entonces":** Ejemplo: está

vendiendo un carro usado. El cliente está dudando porque la casetera no funciona. Ve que de veras quiere comprar el carro, así que propone una pregunta de "si / entonces": "¿Si reemplazo la casetera, comprará el carro?"

3) **El cierre de "cuando":** Su cliente se da cuenta del beneficio y cree que el producto de usted, es superior al que él actualmente usa. Sin embargo, todavía tiene varios productos similares. Antes de que pueda decir que le llame de nuevo en un mes o dos, usted solicita su pedido: "¿Quiere que se envíe este producto en treinta o sesenta días?".

4) **El cierre como método para encontrar objeciones escondidas:** Éste también es un método para decirle cuándo dejar de vender: "¿Qué piensa? ¿Cómo suena esto?". Deje que el cliente hable de

cualquier preocupación subyacente que pueda tener acerca del producto.

5) **El cierre como método para descubrir la autoridad de compra:** Por ejemplo, está vendiendo suministros de limpieza y se ha estado reuniendo con el jefe de mantenimiento. Le gusta su producto, y se da cuenta que ahorraría mucho tiempo para él. Sin embargo, cuando hace su pedido, le dice que no tiene la autoridad para hacer la compra, y que el director de la planta, es la persona que firma todos los pedidos de compra. Aunque puede estar frustrado en el momento, habiendo pasado toda la mañana intentando vender a este hombre, deténgase un momento y piense. Esta estrategia muchas veces funciona. Tiene, en efecto, al jefe de mantenimiento pre-vendiendo su producto al director de la planta.

Los mejores representantes de venta son los mejores para cerrar. Si quiere una carrera exitosa, lo esencial es: concluya la venta.

Resumen

**Sección 7: Ventas: El proceso—
Preocupaciones de venta**

- Debe conocer su producto. Concéntrese en las necesidades del cliente, en vez de su propia necesidad de una comisión. Sepa cuándo debe dejar de hablar, y dé la oportunidad al cliente de decir lo que necesita decir. La regla número uno de Tom es: Si satisface las necesidades del cliente, vendrán las comisiones.

- Tenga una lista de artículos que necesita para su presentación de ventas. Utilícela cada vez que haga una cita con un cliente. Tenga materiales actualizados sobre la venta. Esté preparado. Conozca su producto.

- Descubra qué quieren los clientes, y asegúrese que estén disponibles antes de que ofrezca vendérselos.

- Si ofrece un producto a un comprador, pero no puede entregarlo, el cliente se sentirá decepcionado. Los productos cambian y las características de ellos también. Verifique su disponibilidad y costo.
- No intente vender con presión. Explique detalladamente las características importantes de su producto, y responda todas las preguntas del cliente. Déle tiempo para considerar la compra. No lo presione para que compre.
- Vender requiere tiempo. Mientras más caro sea un producto, más tiempo requiere para su venta. Mantenga una lista actualizada de clientes potenciales, para que no haya necesidad de perder una venta por presión.
- No intente vender a su cliente lo que usted quiere que tenga, véndale lo que quiere. Cumpla con los requisitos del cliente;

infórmele sobre las opciones de su producto, y quédese con la opción de él.
- Cuando finalice la venta, solicite el pago. El cliente compró su producto; el espera pagar.
- Una venta no se finaliza hasta que las partes hayan acordado y estén vinculados por una consideración (usualmente dinero). No cuente una venta como "hecha", hasta que todos los criterios se cumplan.
- No exagere o tergiverse la verdad sobre su producto. Ofrezca su producto en base a sus propios méritos.
- El rechazo, es una parte necesaria de las ventas. Un producto no puede ser todo para todo el mundo. Acuérdese que es al producto al que se está rechazando y no a usted. En otras palabras, no lo tome de manera personal.

- Hay muchas maneras de cerrar una venta. Debe estar familiarizado con la mayoría de ellas. (Imite las mejores; memorice las demás.) Los mejores vendedores son los mejores para cerrar una venta.

Examen de auto-ayuda #7

1. Una de las concepciones más equivocadas sobre vender es que el vendedor debe tener el don del habla. Demuestre que esto no es cierto. Pista: Piense en los medios silenciosos (periódicos, carteleras, etc.)

2. ¿Cómo puede uno averiguar lo que un cliente quiere? Explique esto en una sola oración.

3. ¿Cuándo es el "momento perfecto" para cerrar una venta?

4. Describa lo que considere una "buena venta".

SECCIÓN 8

Sabiduría

*Cada éxito sólo compra un boleto de admisión
a un problema más difícil.*
— Henry Kissinger, Marzo de 1979

De cinco a siete "no"

La mayoría de nosotros hemos intentado comprar un auto. Cuando visitamos el lote del comerciante de autos, empezamos viendo muchos carros distintos.

Cuando un vendedor encuentra un cliente, usualmente pregunta si puede ayudarle. En general la respuesta que recibe es, "No gracias, sólo estoy mirando." Aunque he usado muchas veces el lote de autos como un ejemplo, hubiera podido usar cualquier tienda o negocio. La primera respuesta al vendedor de carros, es una respuesta general que se usa en casi todas las ventas. Lo considero como el primer "no".

Después del primer rechazo, un vendedor puede esperar entre cinco y siete más. La resistencia del cliente, forma parte del proceso de ventas. Las presentaciones de ventas, y el descubrimiento de las objeciones de los clientes, responder preguntas, y satisfacer las necesidades del cliente, forman parte de la obligación del vendedor. Acuérdese, pocas ventas se hacen sin resistencia por parte del cliente. Creo que los clientes no compran, pero quieren que les vendan.

Fracaso

Se dice que el fracaso es sólo otro paso hacia el éxito. El fracaso no es más permanente que el éxito. De hecho, es lo que tienen en común: ninguno es constante. Para que un niño aprenda a caminar, debe caerse. Para que un político exitoso gane votos, debe saber lo que hace perder votos. Para ser una persona exitosa, debe estar conciente de lo que no se venderá. Sólo por ser un fracaso su primer intento, no significa necesariamente que la venta ya se haya perdido.

La mayoría de la gente, incluyendo yo mismo, queremos que nos vendan algo. Con poca frecuencia alguien llega a un lote de carros, se acerca al vendedor, y le dice: "Véndame un auto". Usualmente, el vendedor preguntará al comprador potencial si tiene algunas preguntas sobre el carro que está mirando. Muchas veces, el vendedor preguntará al cliente si quiere llevar el carro a dar una vuelta. Casi siempre, la primera respuesta que el comprador potencial dará es, "Sólo estoy mirando." Cuando los clientes potenciales dicen que sólo están mirando, tratando de hacer más tiempo para pensar en preguntas adicionales u objeciones para el vendedor. Muy pocos individuos quieren comprar en el momento. La mayoría de nosotros queremos que nos vendan.

Si el primer paso en una venta usualmente es un fracaso, ¿entonces cuál es el siguiente paso? El siguiente paso usualmente es un fracaso también. De hecho, la mayoría de las ventas tienen por lo menos entre cinco y siete "no" o "no interesados" antes de que tengan éxito. Acuérdese de esto: antes de que una venta sea finalizada, los clientes potenciales deben haber recibido respuestas satisfactorias a todas sus objeciones. Incluso después de eso, la venta no siempre se finaliza. La mayoría de los compradores tienen dudas.

Si el fracaso es el comienzo del éxito, ¿Cuál es el final? El final es la satisfacción. Los clientes deben estar satisfechos de que necesitan el producto o el servicio. Deben poder pagarlo. Finalmente, tienen que estar convencidos de usted para que usted pueda convencerlos a ellos.

Si intenta vender a alguien, algo que no puede usar o pagar, su carrera en ventas probablemente no será próspera. Si ha presionado mucho a un cliente, para que compre un artículo o servicio que no puede mantener, o usar, puede estar seguro que no recibirá recomendaciones o referencias. La satisfacción del cliente, no sólo forma una parte de las ventas; es lo que hace que una venta sea exitosa.

Cuento de venta

Paseando por el Río de Connecticut, mi guía de pesca me informó que el tiempo era demasiado frió, el río estaba demasiado picado, y la temporada de percha estaba por acabarse. "Los grandes ya fueron llevados hace un par de semanas," dijo.

Asentí, pensando en una sección de este libro

llamada, "Busque un gancho" (sin tener intención de hacer un juego de palabras). Descarté sus comentarios, y me enfoqué en cómo iba a atrapar un pescado "lomo de bronce" como para un trofeo o una percha de boca chiquita. Después de todo, un artículo en la revista de "Bassmasters" dijo que este río tenía bastantes.

"Siempre tengo buena suerte justo aquí," dijo mi guía al apagar el motor. Señaló un tronco de árbol muy grande que salía del agua. "Suelo sacar uno chiquito por esas ramas secas." Lancé mi carnada al lado derecho del tronco, y luego la jalé de regreso con la bobina. No tenía nada. Lo intenté de nuevo. Nada.

"A la mejor debe probar por el lado izquierdo," dijo el guía.

Nada.

"Intente dejar el cebo por un momento o dos, y luego retírelo lentamente con la bobina."

Nada.

"Regrese al lado derecho," dijo, "pero láncelo a dos pies del tronco."

Esta vez mi cebo saltó del agua con una de las perchas más grandes que jamás haya atrapado. El guía hizo que la alzara, como sí tomara una foto antes de que la soltara. Luego dijo, "No le dije, Thomas, siempre atrapo uno aquí."

Me reí, no de él, o su cambio de actitud con respecto a nuestras probabilidades, sino porque me hizo pensar sobre la sección previa, "Cinco a siete no." Parece que incluso un pez tiene suficiente inteligencia como para no morder en la primera carnada.

Intenciones ocultas

Nadie quiere que le oculten la verdad. Una intención oculta, es una manera injusta de realizar negocios. Causa ansiedad, sospecha, y otros sentimientos negativos.

Puede ser una buena conversación, hablar del restaurante caro que tiene una carta sin precios, y posiblemente hay algunas pocas personas a quienes no les preocupa. Sin embargo, hay mucha más gente que quiere saber exactamente cuánto cuestan las cosas.

En el pasado, la gente siempre era reacia al preguntar a su doctor, cuánto iba a costar su procedimiento médico. Si lo hacía, la respuesta era, "No nos preocupemos de eso; pensemos en componernos nada más." Los tiempos han cambiado. Todos podemos agradecernos por algunos de los cambios, especialmente, cuando se trata de eliminar las intenciones ocultas.

Cuando venda, si le dice al comienzo a su cliente el costo aproximado del producto, se alivia mucha ansiedad innecesaria por parte del comprador. Ese alivio alarga el tiempo para que el cliente aprenda sobre su producto. De hecho, si su producto cuesta más que lo que puede pagar un cliente potencial, la entrevista de venta no será productiva.

Uno de los puntos principales que cubrir cuando vea si un cliente cumple con los requisitos de compra, es el costo. La gente sabe lo que puede o no comprar. Siempre sospecho un poco cuando pregunto sobre un precio y el vendedor me dice, "No se preocupe; le informaré de eso después." Durante toda la presentación de venta, me pregunto cuánto me va a costar el producto.

Después de la venta

Una vez que cierre una venta, pida referencias de los clientes. Pueden darle nombres de amigos, relaciones, o socios comerciales. Estos son los mejores contactos comerciales. Por varias razones, muchos vendedores no las piden.

Puede que los vendedores no soliciten referencias de los clientes que acaban de comprar porque están tan emocionados que quieren salir. Puede ser que la venta haya sido difícil, y el cliente haya hecho muchas preguntas. Quizá el vendedor piensa que puede llamar después y pedir una referencia. Es difícil decir, por qué se pasan por alto las referencias.

Acuérdese de preguntar. Los clientes son la mejor fuente. Le compraron; por eso, es mucho más fácil llamar a uno de sus amigos, parientes, o socios comerciales que hacer llamadas de ventas en la lista de telemercadeo con puros extraños. Usualmente, los amigos y los parientes tienen mucho en común. También, una referencia implica seguridad y confianza en lo que está vendiendo, tanto como en usted.

La única manera de obtener contactos de su venta, es preguntando. ¿Hay alguien que el cliente conozca que pueda estar interesado en el producto (o servicio)? Cuando los individuos hacen una buena compra, les gusta compartir su experiencia con los demás. Es naturaleza humana. Hay dos buenas razones para pedir referencias: primera, no le cuesta nada; segunda, una carrera en ventas depende de clientes potenciales.

Servicio

Mientras más avance en las ventas, más aprende sobre el servicio a los clientes. Verá que existe una amplia gama de opiniones sobre lo que significa "servicio al cliente". Puesto que creo que el servicio es tan importante como la venta, compartiré con usted lo que ha funcionado para mí.

El servicio es lo que tiene lugar antes, durante, y después de la venta. Lo que se vendió ahora, tiene que entregarse. En muchos casos, la velocidad de la entrega no es sólo responsabilidad de usted. Puede depender de otros en su compañía que preparen y entreguen los productos a sus clientes. No haga promesas que no pueda cumplir.

Decepcionar el cliente de inmediato después de una venta, sólo puede conducirle a malas relaciones públicas para su producto.

Su meta es un cliente satisfecho. Acuérdese, los vendedores sobreviven por referencias. Un cliente satisfecho tendrá como resultado buenas referencias. Puesto que casi todo se vende de manera competitiva, es un vendedor inteligente, el que da un servicio sobresaliente. Piense en los billones de dólares que las compañías gastan en los anuncios de televisión. Con esto en mente, qué papel debe tener el servicio.

Proporcionar servicio, es imperativo si le gusta su trabajo y quiere quedarse en el negocio. Algunos métodos de servicio son complejos y técnicos. Uno, sin embargo, es sencillo. Nunca tome a un cliente por seguro. Un vendedor debe estar tan disponible después de una venta como antes. Conteste su teléfono.

Los clientes no esperan que un vendedor

lo sepa todo, aunque tienen el derecho a que les respondan sus preguntas. Muchas veces encontrar una solución a un problema, o contestar a una pregunta de un cliente requiere tiempo. Muchas veces, esto ocurre sin más ingresos para el vendedor. Sin embargo, para adquirir y mantener clientes, la importancia del servicio exterior, es indudable. Los vendedores exitosos, hacen todo esfuerzo para satisfacer al cliente. Hacer lo contrario hace que su carrera en ventas sea corta.

Media barra de pan

Se ha dicho que media barra de pan es mejor que ninguna. También es cierto cuando trata de compartir ventas o comisiones. Los servicios profesionales se comparten muchas veces. El objetivo es el de recordar que el cliente es quien debe beneficiarse más.

Si un médico confiere la salud de un paciente

a un colega o especialista, debe beneficiar al paciente. Si el paciente gana, entonces la cuestión de dividir los honorarios es positiva. Sin embargo, si se hace con el único propósito de ganar dinero, (y aprovecharse del cliente), entonces no es sólo nada ético, sino ilegal también.

Lo mismo es cierto para los vendedores profesionales, que piden a uno de sus colegas que compartan un producto. Quizá es un producto que se les acabó, o uno que no tienen en existencia. Si ayuda a que los clientes obtengan lo que necesitan, entonces compartir la venta es bien fundamentado.

Pero acuérdese, una vez que se comparte una venta, se suele compartir la comisión también. La mayoría del tiempo, los clientes no están concientes de los detalles puesto que suelen relacionarse con un sólo vendedor. Es más sencillo.

Suele ser de ventaja para el cliente negociar con un sólo individuo. De esta manera, saben exactamente quién será responsable. A nadie le gusta que le den rodeos, o estar en una situación donde otros pasan la pelota. Compartir productos o conocimiento de productos, es beneficioso para los clientes, porque reciben servicios adicionales. También las opiniones adicionales son útiles, y pueden ampliar su mercado.

Ventas en equipo

La venta de productos o servicios complejos y caros puede requerir un esfuerzo de grupo. Muy pocos vendedores tienen la gama de destrezas necesarias para presentar el producto y responder efectivamente a todas las posibles objeciones.

Tome el ejemplo de una compañía que investiga la compra de una herramienta de una máquina de millones de dólares. Los ingenieros deben estar satisfechos de que la máquina sea capaz de fabricar los productos por los cuales se está comprando. El grupo fabricante debe asentir que los productos pueden ser producidos en cantidades suficientes, en un periodo de tiempo razonable. El personal de mantenimiento debe estar satisfecho de que el equipo sea confiable y fácil de reparar.

Y algo más... el grupo financiero, dentro de la compañía del cliente potencial, tiene que determinar si la compra es asequible y contribuirá a los ingresos de la compañía. Por último, y quizá esto sea lo más importante, el presidente y el consejo de directores tienen que asentir que la compra conforma metas a largo plazo, y un plan estratégico establecido para asegurar el crecimiento, la competitividad, y la rentabilidad de la compañía.

Ahora, considere su papel en este ejemplo: si tiene una formación técnica, estará cómodo con los ingenieros y la parte de la presentación de ventas de "tuercas y pernos". ¿Pero estará a gusto explicando la ganancia sobre la inversión, al departamento de contaduría del cliente? ¿Tiene suficiente familiaridad con los competidores del cliente, como para explicar al presidente de qué manera, su compra le dará una ventaja en cuestión de precio, servicio, o calidad?

Pocos de nosotros, estamos preparados para responder en todas estas áreas. Sin embargo, podemos usar los recursos disponibles para nosotros. Los expertos en todas estas áreas están disponibles. Podemos, y debemos, usarlos.

Cada equipo tiene un capitán. Como vendedor, usted es capitán del equipo. Su responsabilidad es de coordinar, motivar, y ser líder de su equipo. Hecho de la manera indicada, se responderán las preguntas del cliente potencial, se contestarán las objeciones, y la venta estará a un paso más cerca de la terminación.

Resumen

Sección 8: Sabiduría...

- Espere que los compradores se resistan. Espere escuchar "no" por lo menos cinco veces. El consejo de Tom: Los compradores no compran, pero quieren que les vendan algo.
- El fracaso no es algo constante. Siempre está cambiando. Es el comienzo del éxito. Los clientes deben necesitar su producto o servicio; deben poder pagarlo; y deben querer que se los vendan.
- Diga a su cliente cuánto cuesta el producto. No lo mantenga en la oscuridad, en cuestión del precio. Le ahorrará a usted tiempo y esfuerzo, si descubre de antemano que no puede pagar lo suficiente para hacer el negocio con usted.
- Pida referencias. Muchos vendedores descuidan este aspecto importante de las

ventas. Las referencias de los clientes satisfechos son los mejores contactos.

- El servicio tiene lugar antes, durante y después de la venta. Decepcionar al cliente después de la venta conduce a malas relaciones con el público para su producto. Su meta es un cliente satisfecho.

- Las ventas compartidas, tienen como resultado una comisión compartida. Puede ser beneficioso para el cliente, porque puede recibir opciones y servicios opcionales. Las ventas compartidas pueden beneficiarle al ampliar su mercado.

- La venta en equipo es un hecho de la vida si su producto es técnicamente complejo, u ofrece servicios múltiples. Acuérdese, que el vendedor, es capitán del equipo.

Examen de auto-ayuda #8

1. ¿Por qué el no aceptar un "no" del cliente no es presionar? Use la venta de una póliza de seguro de vida como ejemplo. Si no puede llegar a ninguna conclusión, escriba a thomas@simpleselling.net, y le ayudaré.

2. ¿Dónde conseguirá sus mejores referencias de ventas?

    A. De envíos directos

    B. De anuncios en la televisión

    C. De anuncios en los periódicos

    D. De los individuos a quienes les haya vendido

    Dé una razón, en una sola oración en su respuesta.

SECCIÓN 9

... Y más sabiduría

*Si usted no es partidario de algo,
será partidario de lo que sea.*
— Ginger Rogers, 18 del Junio, 1978

¿Con quién hablo?

La mayoría de nosotros, hemos intentado comprar un producto, o preguntar sobre un servicio, pero no hemos podido hacer contacto con el vendedor. Muchas veces, una pregunta relativamente sencilla, se convierte en un evento estresante. Una gran parte de esto se puede evitar, si se acuerda de que la mayoría de los individuos son iguales a usted. Cuando busca ayuda o información, quiere comunicarse con alguien que pueda ofrecerle consejos. Le gustaría hablar con una persona.

Las contestadoras y el correo de voz tienen su propósito, pero uno debe darse cuenta que sólo dan instrucciones y no respuestas a preguntas. Una señal de línea ocupada equivale a ningún contacto. Si le hacen esperar demasiado crea una actitud negativa en incluso la persona más paciente. Finalmente, una cita rota, o el no llegar a tiempo hace lo mismo, y un poco más. Cambia o echa a perder el día.

Si decide tener una carrera en ventas, es necesario estar disponible a sus clientes y mantener sus compromisos. Sea accesible. A la gente le gusta mantener contacto con las personas que le ayudan, o que le aconsejan. Las cosas que parecen sencillas o menores para usted, pueden ser muy frustrantes para un cliente que tiene un problema, que quiere resuelto. Si hace un seguimiento y maneja peticiones sencillas, los problemas no se convertirán en conflictos mayores. Hablando en términos generales, son los detalles pequeños y los ajustes menores los que marcan la diferencia entre la mediocridad y la excelencia.

Animándose para la venta

Cuando un artista hace una interpretación, debe estar en su mejor forma. Si no lo está, priva a sus fanáticos de su verdadero talento. La mayoría de los intérpretes, han tenido la experiencia de no estar en su mejor nivel. Detrás de la cortina, deciden si deben cancelar o pisar el escenario. Si deciden hacer su interpretación, la audiencia no debe de saber, que algo anda mal. Así es el mundo del espectáculo.

Un vendedor es como un artista. Debe hacer su interpretación o cancelar. A veces, cancelar es la única opción. La cita a veces tiene que reprogramarse. Si la cita tiene que respetarse, el vendedor debe hacer lo mejor que pueda. Eso significa nada de atajos y nada de excusas. Los clientes merecen la presentación completa. Deben ser tratados como si no pasara nada. Las ventas se cierran según las necesidades del cliente, y no por simpatía al vendedor.

Las necesidades del cliente nunca se deben pasar por alto. Después de todo, el precio sigue igual sin importar qué tan bien hace su "interpretación" el vendedor. Los compradores, tanto como los fanáticos de un artista, merecen recibir lo que han pagado. Dé su mejor esfuerzo en la presentación. No es siempre fácil, pero es lo justo. Después de todo, tenía la opción de cancelar.

Jerga

Use un lenguaje que el cliente entienda. Cada ocupación tiene su jerga. Cuando la abreviatura común ECG (electrocardiograma) se usa entre el personal médico, está bien. Todo el mundo entiende. Sin embargo, hay muchos términos espec ficos de una industria que no son comunes. Asegúrese, de que le entiendan en su presentación de ventas. Evite la jerga. Su venta puede depender de ello.

No use el argot tampoco. Me ha pasado que la gente me habla en argot y sólo me confunde. A la gente no siempre le gusta admitir que no entiende. Es naturaleza humana. Para estar seguro, hable con términos sencillos. Si alguna vez, ha escuchado a un experto conocedor de computación platicando, estoy seguro que entiende lo que digo; el experto usa términos que son extraños para la mayoría.

Diga lo que tiene que decir en palabras claras,

concisas y bien conocidas. Asegúrese de que su cliente le dé una retroalimentación positiva. Sólo entonces sabrá que está comunicando su mensaje. Ahórrese la jerga para cuando esté comunicándose con sus colegas.

No intente vender por teléfono

Puesto que está leyendo este libro, supongo que quiere agudizar sus destrezas de vendedor. Tomemos un minuto para definir quién es, qué hace, y cómo lo hace. Al mismo tiempo, veamos lo que es:

USTED	REPRESENTANTE TELEFÓNICO
Inicia el interés del cliente potencial	
Verifica sus requisitos	a veces
Programa citas en persona	raramente
Explica el producto o servicio en una reunión	raramente
Responde a objeciones	a veces

Cierra ventas / recibe el pago	raramente
Da servicio al cliente después de la venta	raramente

Las ventas telefónicas (telemercadeo) son una parte necesaria del negocio. A veces son el método principal para que una compañía lleve un producto o servicio al público.

En este libro, no trataremos de lo que se debe, y no se debe hacer, en el telemercadeo. El ejemplo de arriba se da para hacer una distinción importante: no se puede vender por teléfono, así que ¡no lo intente!

Sus clientes, no pueden firmar un formulario de pedido por teléfono. Tampoco pueden escribir un cheque, o pagar con efectivo. De hecho, uno ni puede estar seguro con quien habla, o si la otra persona tiene los requisitos para tomar una decisión de compra.

Siga estos consejos, para obtener los mejores resultados por teléfono:

SI	NO
Buscar clientes y verificarlos	Presentar el producto
Programar citas	Intentar cerrar la venta
Dar servicio post-venta	Responder a preguntas relacionadas con el producto
Pedir referencias	
Dar las gracias	

Acuérdese que un seguimiento periódico, debe formar parte de su proceso de ventas. Durante el seguimiento por teléfono, es un buen momento para pedir referencias también. Lo más importante es recordar dar las gracias al cliente por comprarle a usted.

Ostentación y glamour

Una vez, asistí a un seminario político que trató sobre campañas políticas. El ponente hablaba de algunas de las cosas que debían, y que no debían hacer, los candidatos que se postulaban para un puesto público. Algo que me llamó la atención fue el tema de ser demasiado controversial. La razón por la que me interesó tanto el tema, fue porque ha sido uno de los que he tenido conciencia desde el comienzo de mi carrera de ventas.

Una de las primeras cosas que me enseñaron durante mi primera sesión de capacitación, fue ésta: No hay por qué involucrarse en los temas controversiales, mientras venda. La lealtad de mucha gente es muy fuerte cuando se trata de la religión, la política o las organizaciones. A veces el asunto más insignificante, puede inspirar un argumento o discusión mayor. Artículos como emblemas, anillos, broches, calcomanías, etiquetas, y otros artículos que puedan ser controversiales, no deben ser mostrados por los vendedores. No tiene ningún propósito en el proceso de ventas.

Al evitar dichos artículos, nunca sentí que estaba ocultando o disimulando mis convicciones o creencias, sino más bien, estaba enfocándome en el trabajo que estaba a la mano. Es decir, hacer el mejor trabajo que pudiera para vender mi producto. La mayoría de los vendedores, asentirán que a veces es bastante difícil mantenerse en el buen camino, mucho menos con una agenda completamente nueva de preguntas y respuestas que no pertenecen al producto.

La conversación general, o "charla", no tienen lugar en una presentación de ventas. Hable del tiempo u otros temas no controversiales. Los temas más serios, los discuto con amigos y familiares. La presentación de venta es lo importante. No se aparte de su propósito.

Cuando se equivoque, admítelo

Si se ha cometido un error en cuestión del costo, descripción, servicio, o capacidad de un producto, el vendedor debe admitirlo, incluso si le hace perder la venta. Con un poco de suerte, cuando se cometen errores, se deben a un malentendido entre el vendedor y el comprador, o no son nada intencionales.

Muchas veces, se comete un error en cuestión del precio, porque el cliente cambió de una opción a otra. Por ejemplo, cuando un vendedor está calculando el costo de las varias características u opciones, a veces suman un precio final erróneo. Si esto pasa, admítalo. Los carpinteros tienen un dicho: "Mida dos veces, corte una vez". En las ventas, debe calcular dos veces y cotizar una vez. De ninguna manera debe tratar de cubrir el error, al colocar la culpa a un malentendido por parte del cliente. Eso tendrá como resultado un argumento, una pérdida de venta, y un cliente perdido.

Las ventas se pueden perder de otras maneras. Con demasiada frecuencia, un vendedor hace promesas que no puede cumplir. Si lo hace a sabiendas, su carrera no durará mucho tiempo. Hacer una promesa a un cliente sin saber, puede no ser tan descarado; sin embargo, generalmente se puede evitar, al verificar primero. Siempre es mejor estar seguro. Estará en tierra firme si admite al cliente que no está seguro, y que buscará la respuesta correcta. No hay nada malo en no ser experto en todo. Los errores honestos pasan. Admita sus errores.

Cuento de ventas

Antes de que el aluminio y la fibra de vidrio llegaran a ser populares, la mayoría de las lanchas estaban construidas de madera, lo cual las hacía hermosas pero también muy pesadas. Mi primera lancha era una Thompson Lapstrake usada. La compré con mi hermano. No podíamos esperar a probarla en el agua, así que mi hermano y yo, y un amigo, la llevamos a un lago local.

Levantamos la lancha del remolque, la pusimos en el suelo, y nosotros tres empezamos a jalarla, atravesando la playa hacia el agua, parándonos de vez en cuando para recobrar el aliento.

Ya habíamos atravesado la mitad de la arena con la lancha, cuando un caballero ya grandecito se nos acercó. "¿Qué diablos están haciendo muchachos?", dijo.

"¿No es obvio? Estamos poniendo esta lancha en el agua", dije.

"¿Por qué no la llevan hasta la rampa y la lanzan desde allí?", preguntó.

"¿Cuál rampa?"

"La que esta como a media cuadra hacia allá, muchachos", señaló.

Hablé más fuerte. "Oh, esa rampa. Decidimos que la íbamos a meter al agua a pulso. Nos gusta estar en forma."

El hombre sacudió la cabeza y se fue.

Entre nosotros tres, ninguno tuvo la menor

idea dónde estaba la rampa para lanzar lanchas, pero no íbamos a dejar que el viejo saliera ganando. Esa tarde metimos la lancha en el agua, pero fue la primera y última vez, que cualquiera de nosotros jalara una lancha por la playa.

Está bien cometer errores, pero por el amor de Dios, cuando algo no funciona, inténtelo de otra forma.

Corrector de problemas

En algún momento, tendrá un malentendido con un cliente. Muchas cosas pueden obstaculizar un intercambio sin problemas. Papeleo retrasado o incorrecto, llegar tarde a una cita, o una mala comunicación son algunos problemas. Hay veces que los problemas, no tienen ninguna conexión con la venta. Sin embargo, es mejor que se acuerde de ser un corrector de problemas y no un creador de problemas. Déjeme explicarle.

Cuando la gente se molesta por algo, sin duda lo que necesita es que no le fastidien más. Yo comparo un argumento con un incendio: mientras más combustible se le echa encima, más caliente se pone. Así que si empieza a discutir con los clientes que necesitan ayuda, todo lo que va a lograr es que se enfaden más. En vez de esta actitud nada útil, he descubierto que lo mejor, es simplemente escuchar. Sí, escuche lo que están intentando decirle. Asegúrese de entender lo que les está enfadando. Luego, trabaje para resolver el problema. Verá que este enfoque funciona mejor.

Felicidades

Cuando lee su periódico local, ciertas secciones contienen artículos como anuncios de nacimientos, casamientos, promociones, elecciones, y otros artículos sobre varios logros. Si hay una foto, o un artículo sobre uno de sus clientes, recórtelo y mándeselo con una tarjeta de felicitación. Incluso puede ser alguien a quien quiere vender. A la mayoría de la gente le gusta ser reconocida.

Si quiere llamar la atención de alguien, pida su opinión sobre algo. Cuando mencione la foto o el bonito artículo que vio en el periódico, les agradará. A cambio, puede que lo mencionen a su familia, o a sus amigos. Si nunca vende nada a ninguno de los que les mandó un reconocimiento de algo, no importa. No cuesta nada ser amable. Además, mientras más conocido se vuelva en su comunidad, será más fácil hacer negocio allí. Es la intención la que será recordada.

Sintonización fina

Todo el mundo ha sintonizado una radio. ¿Para qué escuchar la estática o una estación que va y viene? Uno cuida y gira suavemente el sintonizador hasta que encuentra el punto exacto donde suene mejor. Así es como la gente exitosa funciona también. Sintoniza con cuidado las cosas y los eventos. Por ejemplo, cuando se termine una transacción comercial, comuníquele al cliente que aprecia la venta al decir simplemente "Gracias", o al decir al cliente, cuánto disfruta la oportunidad de servir a la cuenta del cliente.

Piense en esto por un momento. A todos nos gusta sentirnos apreciados. ¿No es extraño que los buenos modales se pierdan por completo o que se den por sentados? ¿Cuántas veces ha comprado algo y escucha al empleado decir, "¡Aquí tiene!" al darle su compra? Si no le ha pasado, sólo escuche la próxima vez que va de compras. No se sorprenderá, cuando el empleado ni siquiera le da las gracias. Tengo la impresión que algunos vendedores no están tan contentos de recibir mi dinero, como lo que yo lo estoy al gastarlo.

Si sintoniza con cuidado sus manierismos de

venta, verá que será más eficaz. Son los pequeños ajustes los que hacen las grandes diferencias. Por favor, haga que éste sea uno de sus hábitos de vendedor.

Competencia injusta

Degradar a la competencia de cualquier forma es inaceptable, y da mala imagen. En vez de hablar de su competencia, lo mejor es no decir nada. Reconocer un competidor por nombre, es inaceptable. Criticar a un competidor, o su producto, es inútil y nada profesional.

No hay por qué encontrar defectos en la competencia; su cliente no espera que venda productos de ella. Venda su propio producto; es suficiente reto. Intentar responder preguntas, sobre un producto con el que no está familiarizado, sólo agrega más objeciones a su entrevista de ventas.

La mayoría de los vendedores, descubre que

si puede explicar su producto, responder todas las preguntas relacionadas con la venta, y presentar su producto profesionalmente, ha hecho un buen trabajo. Hacer esas tres cosas, no significa necesariamente una venta, pero sí tiene como resultado el respeto del cliente.

Los vendedores necesitan ese respeto para recibir no sólo una venta, sino también futuros contactos y referencias. Sin clientes potenciales, un vendedor profesional no puede sobrevivir. El profesionalismo es admirado por todos.

No guarde rencor

Si pierde una venta por un competidor o una colega, saque provecho de la pérdida. De ninguna forma debe guardar rencor. Siempre deber mantener la puerta abierta para contactos futuros.

A veces se pierden ventas porque su competidor tiene una ventaja. A la mejor su servicio es más rápido, o el producto cuesta menos. Tal vez el competidor es más conocido. A la mejor nunca sabrá por qué perdió la venta.

Con el paso de los años, he perdido ventas sólo para recuperarlas después. Algunas ventas simplemente se pierden. No importa. Lo que hay que recordar, es dejarlas en el pasado y seguir adelante. Está bien repasar lo que estuvo mal, así se aprende. Pensar obsesivamente sobre una venta perdida es un desperdicio de tiempo. La próxima venta que tenga puede ser la que haya perdido la competencia.

Muchas veces un cliente aprenderá sobre un producto de un vendedor, sólo para comprarlo a otra persona. Muchos de nosotros nos educamos a costa de los demás. "Exprimir el coco" de alguien es parte del proceso de ventas. Funciona como ventaja del vendedor tanto como su desventaja.

Hay muchos pasos en el camino que comienzan con un cliente potencial y terminan en una entrevista de ventas en la que la venta puede perderse.

Si el vendedor que perdió no puede superarlo, las probabilidades del éxito futuro disminuyen. Por otro lado, los vendedores inteligentes, saben aceptar la pérdida porque en algún momento el éxito vendrá. Así es: se pierde y se gana.

Sobreventa

Si ha salido a cazar, o por lo menos tiene alguna familiaridad con ese deporte, sabe que una vez que la presa está muerta no hay por qué seguir disparándole. Sin embargo, si lo hace, sería una exageración.

Cuando los clientes están listos para comprar, y todo se ha explicado a su satisfacción, están preparados para cerrar la venta. Una vez que han preguntado cuánto dinero necesitan pagar, y han ofrecido pagarlo, si en vez de aceptar, sigue hablando y vendiendo, ha cometido una sobreventa.

Algunos vendedores no pueden aceptar el "no" como respuesta. Otros no pueden aceptar el "sí". Los dos siguen hablando por alguna razón. Quizá quieren satisfacer sus egos, o impresionar a la gente con su conocimiento. Le aseguro que sea la que sea la razón, es un error. Cuando sobrevendé, corre el riesgo de hablar tanto, que pierde la venta. Al escuchar, sabrá exactamente dónde está en una entrevista de venta.

Resumen

Sección 9: ...Y más sabiduría

- Sea accesible. Conteste llamadas. Cuando un cliente tiene un problema o pregunta, suele querer hablar con una persona, no una máquina.
- Un vendedor no deber buscar excusas o tomar atajos cuando prepara o hace una presentación de ventas.
- No use la jerga o el argot, cuando habla de su producto con su cliente. Guarde la jerga para cuando hable con sus colegas. El uso del argot es desagradable para la mayoría de los clientes.
- El teléfono es una herramienta importante en las ventas. Use el teléfono para hacer citas, seguimiento, y pedir referencias. No use el teléfono para vender. Los clientes no pueden firmar un pedido por teléfono, y usted no puede estar seguro que la per-

sona con quien habla, tiene la autoridad para comprar.

- No dé la impresión de ser controversial. Artículos como anillos, broches, etiquetas y calcoman as pueden inspirar un conflicto con su cliente. Estos artículos no sirven a ningún propósito en el proceso de ventas.
- Si ha cometido un error al cotizar un precio, o discutir opciones, admítalo. Los errores honestos pasan.
- Muchas cosas obstaculizan un intercambio sin problemas, entre un comprador y un vendedor. Cuando los problemas ocurran, tenga cuidado de no molestar aún más a su cliente. Sea un corrector de problemas y no un creador de ellos.
- Si se topa con un artículo sobre, o foto de, uno de sus clientes en el periódico local, recórtelo y envíeselo. Reconozca a las personas que conoce o con las que quiere hacer

negocio en su comunidad. No cuesta nada ser agradable.

- Trate de mejorar sus modales de vendedor. Se volverá más efectivo en su trato con los clientes.

- No critique a su competidor o su producto cuando venda. Su cliente tendrá más respeto por usted y su producto si se concentra en el negocio en cuestión: la venta de su producto.

- A veces las ventas se pierden. Repase lo que estuvo mal, aprenda de ello, y siga adelante. No piense obsesivamente sobre las ventas perdidas.

- No sobrevenda su producto. Sepa cuándo debe dejar de hablar. Acepte el "sí" como respuesta.

Examen de auto-ayuda #9

1. ¿Por qué es más fácil hoy en día vender un producto que en el pasado? Esta respuesta puede requerir algo de pensamiento profundo. Escriba a <u>thomas@simpleselling.net</u> si le cuesta trabajo esta pregunta.

2. ¿A quién culpa si vende un producto?
   A. Usted mismo
   B. El cliente
   C. Los dos
   D. Ninguno
   E. No sabe
   F. No le importa

Acuérdese, siempre puede escribirme por correo electrónico: <u>thomas@simpleselling.net</u>

SECCIÓN 10

Este siglo y más allá

Nuestra verdadera nacionalidad es la humanidad.
— H.G. Wells, 1920

Servicios en desaparición

Desde los 60s, muchos servicios han disminuido. Las gasolineras con un verdadero servicio completo ya no existen. Antes, no era inusual que el empleado de la gasolinera le preguntara si quería que revisara su batería, aceite y llantas. Cuando su batería necesitaba agua, su motor necesitaba aceite, o sus llantas necesitaban aire, nunca tenía que salir de su carro. El empleado cuidaba todo por usted. La limpieza del cristal era automática.

Cuando iba al cine, un acomodador le llevaba a su asiento, usando una linterna para que usted no tropezara en la oscuridad. No sólo recuerdo estos servicios olvidados, los proporcioné. Trabajé como empleado de gasolinera, y como acomodador en el cine.

Aunque en el pasado era cuestión de indicadores de aire y linternas, hoy en día el aumento de las ventas e ingresos adicionales todavía dependen del servicio. Es de común acuerdo que los tiempos han cambiado. Sin embargo, el pensamiento de la gente, cuando se trata de ser complaciente, no ha cambiado. El cliente no tenía la opción de más o menos servicio. Simplemente se lo quitaron.

El negocio que todavía proporciona servicio adicional por el mismo costo tiene una ventaja sobre los competidores que no lo tienen. Después de todo, se trata de eso. ¿No? ¡Puede convertirse en un vendedor estupendo! Es la verdad. Cuando se esfuerce un poquito más por el cliente, se corre la voz. Ayudar y ser complaciente con su cliente no cuesta nada, menos que un poco de tiempo y esfuerzo. El resultado es el aumento de ventas.

En nuestro mundo acelerado, un acto de bondad o incluso cortesía común, sorprende a la gente. La amonestación de su madre de "tener buenos modales" es especialmente relevante en el ambiente comercial de hoy.

Con la llegada del mercado global, el protocolo de las ventas no sólo cruza fronteras geográficas, sino culturales. Debemos presentar nuestra mejor imagen no sólo a nuestros colegas, vecinos y amigos, sino también al mundo, si vamos a seguir siendo participantes en la economía global.

Los vendedores ambulantes en desaparición

Los métodos de venta avanzan con el tiempo. Hace años, el vendedor ambulante llegaba con su carreta, y una vez situado en la plaza principal, empezaba a "pregonar" o vender, sus utensilios. Estos "vendedores" del pasado también eran dentistas, evangelistas, doctores, farmacéuticos y muchas otras cosas. Sus productos y servicios eran tan variados como sus profesiones.

Al mudarse la gente de las áreas rurales a los pueblos, los vendedores ambulantes del pasado evolucionaron en vendedores de puerta en puerta. Establecían rutas y clientes, pero los productos que ofrecían eran casi iguales. En sus baúles estaban una amplia gama de artículos de casa, y medicina. El doctor incluso hacía visitas a domicilio.

De los vendedores ambulantes y de puerta en puerta había dos tipos: los honestos y los deshonestos. Al echar del pueblo al nada honrado vendedor ambulante, su homólogo, el vendedor deshonesto de puerta en puerta, también era expulsado de una vez para siempre.

Los productos y servicios ya no se venden en una carreta o en la puerta, pero todavía se venden. Según mis cálculos, el representante de ventas siempre tendrá un trabajo. La gente quiere la interacción personal que existe entre el comprador y el vendedor.

Avances de alta tecnología

Los productos y servicios de hoy, se venden de manera diferente que en el pasado, pero la venta todavía consta de dos participantes: el comprador y el vendedor. A pesar de lo compleja que se está volviendo nuestra sociedad tecnológicamente, la venta es sencillamente entre el comprador y el vendedor.

Por ejemplo, se puede diseñar la computadora más sofisticada en el mundo. Si algo falla con el programa de software, el operador puede buscar "apoyo". Este apoyo será proporcionado por un ser humano. El hecho sigue siendo que la gente maneja las máquinas. La gente piensa, las máquinas no.

La tecnología de telecomunicación avanza diariamente. Muchos individuos y compañías "navegan por la red" compartiendo información y vendiendo sus productos. Las máquinas de fax y el correo electrónico han eliminado algo de la carga del cartero. Los retiros bancarios son fáciles y convenientes en los cajeros automáticos, pero con la llegada de la transferencia electrónica y servicios bancarios en línea, incluso los cajeros automáticos pronto serán algo del pasado.

La comunicación electrónica avanza a un paso increíble. Las noticias que se imprimen en papel ya pronto se coleccionarán por su valor de curiosidad. Las imágenes, además de la voz, ahora se pueden transmitir por el teléfono celular.

Los vehículos serán más seguros, debido a los aparatos de prevención de accidentes. Barreras espaciales prevendrán electrónicamente que los automóviles choquen el uno contra el otro. Los aviones tendrán compartimientos a prueba de choques, y los barcos que se hunden serán cosas del pasado. Por causa de estos avances, viajar será más seguro en los siglos futuros. La tecnología continuará convirtiendo lo concebible en una realidad.

Los representantes sobrevivientes de venta

Con todas mis suposiciones sobre el futuro, siga en pie. Se trata de lo que necesita un representante de ventas para sobrevivir. Seguirán siendo necesarias tres características: honestidad, conocimiento, y la capacidad de comunicar las primeras dos al cliente.

La honestidad es una decisión personal. Puede decidir ser honesto o deshonesto. Sin embargo, si tiene éxito como representante de ventas, no hay opción. Los vendedores deben ser de confianza.

Junto con la integridad, los representantes de ventas deben tener conocimiento. La información y la experiencia, que se usan de forma positiva, agregarán algo a cualquier carrera en ventas. Dicho de manera sencilla, un vendedor debe conocer su producto. La competencia y la sinceridad, son los dos ingredientes principales de los vendedores exitosos. La empresa más difícil es el trabajo de convencer a su cliente que usted posee los dos atributos.

Quería compartir con usted lo que muchos han compartido conmigo. Por eso decidí escribir este libro. No tomo crédito por lo que está escrito aquí. En vez de eso, opto por compartir cualquier crédito merecido con todos los vendedores y vendedoras con quienes me haya tropezado: He aprendido de cada uno de ellos. Los compradores me enseñaron no sólo a ser agradecido, sino también a estar orgulloso de la profesión que escogí.

Soy vendedor, y le ofrezco lo que me han ofrecido: conocimiento de ventas y su aplicación. La honestidad que se requiere, es el compromiso que usted tiene con la profesión.

Resumen

Sección 10: Este siglo y más allá

- Entréguese al cliente. El aumento de las ventas es el resultado de un servicio sobresaliente.

- El representante de ventas es parte del proceso de la realización de ventas.

- La tecnología es de gran valor pero acuérdese: La gente piensa, las máquinas no.

- Se requieren tres características para que un representante de ventas tenga éxito: honestidad, conocimiento, y la capacidad de comunicar las primeras dos al cliente.

Examen de auto-ayuda #10

1. ¿Cree que la tecnología va a reemplazar las ventas de persona a persona? Si responde "sí" ¿Sabe lo que va a reemplazarlo a usted?

2. Según usted, ¿Cuál es la diferencia entre el antiguo vendedor ambulante en una carreta y el corredor de acciones de Wall Street?

SECCIÓN 11

La palabra final: lo esencial

Haga a los demás lo que quisiera que le hagan.
— Thomas Ray Crowel

Dulces sueños

Cuando niño pequeño, me acuerdo de despertar cada mañana sin ningún pensamiento malo. Echando un vistazo de la ventana de mi recámara, siempre sentía ansias para ver cómo estaba afuera.

Cuando era un día calido de verano, empezaba a pensar en cosas que quería hacer. ¿Nadaría con mis amigos? ¿Jugaría solito con mi imaginación en el jardín de atrás? Pensara lo que pensara, siempre era emocionante, desde buscar cosas de valor en los callejones, hasta explorar el parque cercano o el bosque.

Estaba igual de feliz en el invierno, porque tenía otras cosas divertidas que hacer. Podía tener una pelea con bolas de nieve, construir un hombre o una fortaleza de nieve, o quizás ir a patinar sobre hielo con mis amigos. A veces, simplemente sacar mi lengua para intentar cachar un copo de nieve me agradaba.

De niños, veíamos y escuchábamos todo lo bueno: las hormigas trabajando en la arena, los pájaros cantando sus canciones. Estábamos concientes de nuestro alrededor: el viento soplando los árboles, la lluvia bailando, los espantosos truenos. Conocíamos los sonidos de las calles y los parques. Podíamos ver, sentir, y escuchar todo.

Tome un momento para pensar en lo que hacía

de niño. ¿Se acuerda de sus primeros amigos? ¿Puede recordar alguno de los momentos más agradables de sus primeros años? Will Rogers dijo: "Todo el mundo tiene en las profundidades de su corazón el viejo pueblo o comunidad dónde caminó descalzo por primera vez, recibió su primera paliza, canjeó su primera navaja, creció, y por fin dejó, pensando que ya era demasiado grande para ese pueblucho. Pero allí está su corazón.".

Quizá allí reside el problema. Una vez crecidos, tenemos la tendencia de pensar en grande, no en pequeño. Por supuesto, no hay nada de malo en tener sueños de éxito, pero a veces tenemos que pensar en pequeño para alcanzar y capturar estos sueños.

Nunca tome por sentadas las cosas sencillas de la vida, ya sea una sonrisa, un chiflido, o una buena sonrisa. Son las expresiones que le sirvieron y le hicieron llegar a la madurez. A veces, lo mejor es tomar un paso hacia atrás para ver bien.

Todos sus sueños tendrán la mejor posibilidad de realizarse si se ven con la perspectiva apropiada, es decir en el orden de su importancia. Primero, son la familia y los amigos, luego todas las cosas buenas como el caliente sol, la noche estrellada, la luna luminosa y la tierra verde con sus aguas azules alrededor. Por supuesto, no pase por alto los pensamientos complejos sobre de lo que se trata la vida, y la promesa final, *Iesus Hominum Salvator.*

Una vez más, ¿Qué es lo que quería ser? ¿Un bailarín? ¿Maestro? ¿Torero? ¿Marinero? ¿Actriz? ¿Artista? ¿Qué fue? ¿Se le ha olvidado? Yo digo: "El éxito nace de los sueños.". Eche un buen vistazo. Tiene el mejor ejemplo a seguir. Acuérdese que todo fue visto a través de los ojos de un pequeño niño, usted.

Conocimiento, optimismo, y perseverancia

En todo este libro de *Ventas Sencillas,* he escrito sobre lo que se necesita para ser exitoso. En él, comparto con usted lo que he aprendido sobre las ventas. Suena sencillo. ¿No?

Las palabras de optimismo, perseverancia, y conocimiento se pueden explicar en otros términos, por ejemplo, alegría, valor, inteligencia. Aún así, muchos creen que hay un secreto oculto para el éxito. Supongo que por eso hay tantos libros escritos y / o leídos sobre el tema. He incluido todo lo que necesita saber en *Ventas Sencillas.* Los mejores vendedores están de acuerdo.

Hace muchos años, había un escalón de concreto al lado de una casa que yo convert en oficina que tenía que eliminarse. La nueva entrada sería la del frente. Echaron el cemento para las escaleras y el rellano en algún momento antes de la Segunda Guerra Mundial. Durante este periodo, el cemento se agregaba a la arena en tanta abundancia que el rellano era tan fuerte como un búnker. Bueno, pues, yo necesitaba romperlo, y puesto que empezaba mi negocio con muy poco dinero, tenía que hacerlo yo mismo. La compra o renta de una taladradora no era opción, por costosa. Así que, con un mazo pesado di golpes de vez en cuando durante tres d as. Por fin me percaté de una delgada grieta.

Se me ha olvidado exactamente en qué día por fin se derrumbó la losa de doce pulgadas de grosor, pero las tres cosas que sí recuerdo con claridad son que tenía optimismo cuando emprendí la tarea, creyendo que si daba suficientes golpes al concreto, se derrumbaría. Segundo, tenía la perseverancia de seguir trabajando hasta que se derrumbara. Ahora, con respecto al conocimiento, debo ser sincero, me faltaba técnica de ingeniería estructural, sin embargo, el sentido común me dijo que algo tenía que ceder, eventualmente. Podría contarle cientos de cuentos de optimismo, perseverancia, y conocimiento, pero éste lo dice mejor. Su ejemplo concreto lo machaca de verdad.

Los mismos tres principios pueden influenciar a nuestros hijos para que logren incluso las tareas más sencillas como atar los cabetes, hasta las empresas más complejas como formar un gobierno.

Sin embargo, si se hace caso omiso a estos principios y se impone la pura voluntad a una persona (o personas) para que logre(n) una meta, entonces el dinero, el poder, la filosof a y la teología, aplicados en aislamiento o en conjunto, llegan a ser la motivación.

Le invito a escribirme por correo electrónico con su historia a thomas@simpleselling.net

Examen de auto-ayuda #11

1. ¿Por qué cree que escribí Dulces sueños?

2. ¿Cree que el conocimiento, el optimismo, y la perseverancia le ayudarán a alcanzar sus metas de vida? ¿Por qué sí o por qué no? Prepárese para discutir este tema conmigo.

3. ¿Cree que hay muchos secretos en las ventas? Mencione uno.

4. Los representantes de venta son:

    A. Fáciles de convencer

    B. Difíciles de convencer

5. ¿Qué hace que las ventas sean divertidas?

    A. El dinero

    B. Ayudar a la gente

    C. El misterio

(Ándele, arriesgue el cuello y escriba algo; se sorprenderá de sí mismo.)

6. ¿Cuál es la diferencia entre este libro y los otros libros de venta que ha leído? Aguanto lo que sea que tiene que decirme, bueno o malo. Escriba por correo electrónico a thomas@simpleselling.net

7. ¿Para quién escribí este libro?

    A. Mí mismo

    B. Usted

    (Olvídese de la cuestión del dinero, ya he ganado millones.)

ÍNDICE

A

Actitud 11-13, 87
  Véase también Actitud mental positiva
Actitud mental positiva 58-62
Acuerdo 6
Acuerdos vinculantes 147-148
Administración del tiempo 100-103
Admitir errores 24-25, 194-196
Ahorrando para el futuro 51-53
Apariencia 11-15
Argot 189
Armonía 122
Arte de vender 5-6, 119-122
Aseo 12, 14-15
Asequibilidad, precio y 118-119
Auto-disciplina 66
Auto-mejoramiento 20-21
Auto-motivación 62-65
Autoridad de compra
  El cierre como método de descubrimiento 156-157
  Descubrimiento 113-114
Avances de alta
  technología 216-218
Avisos de felicitaciones 199-200

B

Beneficios de las carreras
  en ventas 2-4
Busca de clientes de puerta en
  puerta 15-19, 86-89
Busca de clientes sin previa cita ... 87
Buscar clientes potenciales ... 75-109
  Busca de clientes 86-89
  Calidad contra cantidad
    de tiempo 93-95
  Contribuir 97-98
  Correo directo 89-90
  Cuento de ventas 79-81
  Un examen de auto-ayuda ... 109
  Lista de clientes
    potenciales 95-96
  Métodos para 83
  El momento indicado para .. 90-93
  Necesidad del cliente,
    deseo de comprar, y
    capacidad de pagar 81-83
  Números y sospechosos 76-79
  Otra mirada a 98-103
  Participación del cliente .. 104-105
  Resumen 106-108
  Telemercadeo 84-86
  Véase también Avisos de felicitaciones

C

Capacidad de aprender 26
Capacidad de pagar 76, 81-83
Capacitación 27-29
Carreras. *Véase* Carreras de venta
Carreras en ventas 1-9
  Apariencia 11-19
  Arte de vender 5-6
  Auto-mejoramiento 20-21
  Beneficios de 2-4
  Capacitación 27-29
  Cuentos de venta 15-19, 29-33
  Examen de auto-ayuda 8-9, 36
  Mantenerse informado 22-23

Responsabilidad 24-27
Resúmenes 7, 34-35
  Véase también El futuro
  de las ventas;
  Secretos del éxito
Celos 48-49
El cierre de 'cuando' 155
El cierre de 'si / entonces' .. 154-155
Cierre por suposición 154
Cierres de venta 152-154
  El cierre como método
    para descubrir la autoridad
    de compras 156-157
  El cierre como método
    para descubrir las objeciones
    escondidas 155-156
  El cierre de 'cuando' 155
  El cierre de 'si /
    entonces' 154-155
  El cierre por suposición 154
Clientes
  Agradeciendo 201
  Disponibilidad a 185-186
  Escuchar a 104-105, 111-113,
                              122, 133-134
  Humores de 123-124
  Necesidades de 76-78, 81-83
  Resolver los problemas
    de 125-126, 198-199
  Respetar opciones de 143-145
  Retroalimentación de 190
  Satisfacer 168, 176
  Seguimiento con 192
  Tratándoles como quiere ser
    tratado ..... xxii-xxiii, 23, 46-47
  Verificar requisitos 83
Cobrar 145-146
Comisiones 47-48

Compartir 176-178
Compartir ventas o
  comisiones 176-178
Compensación 47-48
Competición 3
Criticar 202-203
Compromiso 67-68, 220
Confianza en si mismo 71, 145
Confucio 10
Conocimiento .... xxi, 133, 228-230
  Producto 22-23, 27, 219
Contribuir 38, 176-178, 204
Coolidge, Calvin 1
Correo directo 89-90
Crowel, Thomas Ray 223
Cuentos de venta 15-19, 29-33,
  79-81, 114-117, 168-170, 196-198
Culpa 69

D
Deseo de comprar 81-83
Desperdiciadores de tiempo .. 93-95
Después de la venta 172-174
Dinero
  Cobrar 145-146
  Véase también Comisiones
Disponibilidad a clientes 185-186

E
Ejercicio físico 63-64
Energético 140-141
Enfoque 21, 33, 118-119,
                      125-126, 200-202
Entrevistas de venta 28, 81,
  113-114, 134-136, 140-141, 165
Errores, admitiendo .. 24-25, 194-196
Escuchar a los clientes 104-105,
                  111-113, 122, 133-134

Establecer metas 64-68
Exámenes de auto-ayuda 8-9, 36, 56, 74, 109, 129-130, 162, 183, 210, 222, 231-232
Excelencia 186, 213
Excusas 69-71
Experiencia, papel de 28

F

Fracaso 58-59, 147-148, 165-168
Véase también Excusas
El futuro de las ventas 211-222
Avances de alta tecnología 216-218
Los vendedores ambulantes en desaparición 214-216
Representantes de venta que sobreviven...................218-220
Resumen................................... 221
Servicios en desaparición 212-214
Un examen de auto-ayuda ... 222

H

Hacer contactos 210
Hacer su mejor esfuerzo.....187-188
Honestidad....................48, 219-220
Humor................................123-124

I

Imagen, importancia de 13
Información...............................22-23
Véase también Conocimiento

J

Jerga..189-190
Justicia........................ xxiii, 202-203

K

Kissinger, Henry......................... 163

L

Lealtad, a su compañía y sus productos 45-47
Lincoln, Abraham...................... 131
Lista de clientes potenciales ..95-96
Listas 135

M

MacArthur, Douglas 57
Mantenimiento de registros...50-51
Manutención de puntuación .... 3, ...49-51
Mentir 148-149
Miedo al rechazo 150-152
Motivación 57-74, 100, 230
Compromiso........................67-68
Mantenerse motivado 62-65
Negatividad........................58-59
Optimismo..........................60-62
Reconocer excusas 69-71
Resumen..............................72-73
Suerte o trabajo duro..........65-67
Véase también Secretos de éxito
Murrow, Edward R. 37

N

Negatividad 58-59
Negociación.................................... 6
Nixon-Kennedy campaña 14
"No," recibir de cinco a siete 164-165
Números de llamadas hechas 67-68, 76-79

O

Objeciones, el cierre como método de descubrir objeciones escondidas 155-156
Objeciones ocultas 114
El cierre como método de descubrimiento 155-156
Obligados 30

Optimismo 60-62, 228-230
Organización 50-51, 91, 94

P

Paciencia 142-143
Pago, pedir el 145-146
Participación del cliente 104-105
Perseverancia 228-230
Práctica 28-29, 44-45, 66
Precio
　y asequibilidad 118-119, 151
　divulgar temprano 170-172
Preocupaciones del comprador en una venta 110-130
　Camaleones que saben cuándo cambiar 119-122
　Cuento de ventas 114-117
　Descubrir la autoridad de compra 113-114
　Examen de auto-ayuda .. 129-130
　Mantenerse enfocado 118-119
　Persiguiendo los arco iris 123-124
　Prestar atención 111-112
　Resumen 127-128
　Seguir el buen camino 125-126
　Véase también Preocupaciones del vendedor en la venta

Preocupaciones del vendedor en una venta 131-162
　La carnicería 138-140
　Cerrar 152-154
　Cobrar 145-146
　Cuentos de pesca 148-149
　Don del habla 132-134
　Escoger una selección 143-145
　Maneras de cerrar una venta 154-157
　Miedo al rechazo 150-152
　No vender 147-148
　Pensar primero, vender al último 134-136
　Presionar demasiado 140-141
　Resumen 158-161
　Ser paciente 142-143
　Un examen de auto-ayuda ... 162
　Vender algo que no tiene 136-138
　Preparación 134-136
　Presionar 140-141
　Prestar atención 18, 111-113, 122
　Productos 151-152
　Conocimiento sobre 22-23, 27-28, 219
　Verificar disponibilidad .. 136-140
Profesionalismo 202-203

R

Rayburn, Sam 110
Rechazo, miedo de 150-152
Referencias 172-176, 192
Rencores, no mantener los ... 203-205
Resistencia 165
Resistencia del cliente 165
Resolver problemas 198-199
Responsabilidad 24-27

Retos..3
Retroalimentación...............189-190
Rogers, Ginger............................184
Roosevelt, Theodore....................75

S

Sabiduría sobre las ventas..163-210
   Admitir cuando se
      equivoca.....................194-196
   Animándose para la
      venta...........................187-188
   Compartir ventas o
      comisiones..................176-178
   Competencia injusta.......202-203
   Con quién hablar............185-186
   Cuento de ventas...........168-170,
                           196-198
   Después de la venta........172-174
   Felicidades.......................199-200
   Fracaso............................165-168
   Intenciones ocultas.........170-172
   Jerga................................189-190
   No guardar rencores.......203-205
   No intentar vender por
      teléfono......................190-192
   Ostentación y glamour...192-194
   Parte 1..............................163-183
   Parte 2..............................184-210
   Recibir entre cinco y
      siete 'no'....................164-165
   Resolución de
      problemas..................198-199
   Resumen............181-182, 207-209
   Servicio al cliente............174-176
   Sintonización fina...........200-202
   Sobre vender...................205-206
   Un examen de
      auto-ayuda.................183, 210

Ventas en equipo............178-180
Sacrificio....................................66-67
Sacrificio personal.........................67
Secretos del exito.................223-232
   Conocimiento, optimismo, y
      perseverancia.............228-230
   Examen de auto-ayuda..231-232
   Soñar...............................224-227
Seguimientos..............................192
Sentido común..............xxi-xxii, 122
Servicio al cliente...........48, 174-176
Servicios, desaparición de..212-214
Sistemas para la venta............37-40
Sobrevender..........................205-206
Sospechosos, convirtiéndolos en
   clientes potenciales.............76-79
Sueños...................................224-227
Suerte o trabajo duro..............65-67
Supervivencia de representantes
   de venta............................218-220

T

Tarjetas de presentación.........41-43
Telemercadeo...........................84-86
Temas controversiales.........192-194
Tener éxito...............................48-49
Tiempo
   Apropiado para llamadas de
      venta................................90-93
   Calidad contra cantidad
      de..93-95
Trabajo duro o suerte..............65-67

V

Vendedores.................. xxii, 214-216
   Como artistas..........................188
   Supervivencia de....216, 218-220
Vendedores ambulantes, en

rápida desparición..........214-216
Vender
   Ciclos en......................51
   Contribuir........................176-178
   Fracaso de........123-124, 147-148
   Por teléfono......................190-192
Ventas en equipo..................178-180
Ventas fáciles...........................97-98
Ventas, lo fundamental de......37-56
   Ahorrar para el futuro.......51-53
   Comisiones..........................47-48
   Examen de auto-ayuda..........56
   Lealtad..................................45-47
   Práctica..................................44-45
   Puntuación..........................49-50
   Resumen..............................54-55
   Sistemas................................38-40
   Tarjetas de presentación.....41-43
   Tener éxito...........................48-49
   Véase también Cierre de ventas;
   Motivación; Busca de clientes
   potenciales
Ventas por teléfono.............190-192
   Véase también Telemercadeo

W

Wells, H.G.................................. 211